Auf den Spuren der Freimaurer in Wien

Ein masonischer Stadtführer

Robert A. Minder

Auf den Spuren der Freimaurer in Wien

Ein masonischer Stadtführer

Löcker

Gedruckt mit freundlicher Unterstützung der Kulturabteilung der Stadt Wien (MA7), Literatur.

Zweite, verbesserte Auflage.

Herstellung: Bookpress, Olsztyn
ISBN 978-3-99098-018-7

Inhalt

Anhang

Einleitung

Die österreichische Freimaurerei war immer schon anders und ist es bis heute geblieben.

Sie ist nicht wie die deutsche, die von der herrschenden Klasse bestimmt war: beinahe alle Regierenden der Fürstenhäuser waren Freimaurer, wie auch die meisten preußischen Könige und zwei der drei deutschen Kaiser.

Sie ist nicht wie die französische, die eine politische ist, tagespolitisch Stellung bezieht und Politik mitbestimmen will.

Sie ist nicht wie die italienische, eine antikatholische und revolutionäre, die aktiv gegen Rom und für eine Einigung Italiens gekämpft hat.

Die österreichische Freimaurerei war und ist obrigkeitskritisch, aber nie revolutionär, sie ist auf Ausgleich bedacht, nie antireligiös, sondern in einem großen Ausmaß verbindend.

Beschäftigt man sich mit der Geschichte der Freimaurerei in Wien, so erkennt man vier Abschnitte. Als erste Periode verhältnismäßig wenige Jahre in der zweiten Hälfte des 18. Jahrhunderts, dann als zweiter Abschnitt mit 50 Jahren die so genannte »Grenzlogenzeit« von 1868–1918, wo die rituelle Arbeit nicht in Wien stattfinden konnte. Direkt anschließend daran die Zeit der Ersten Republik als dritte Periode mit weiteren 20 Jahren von 1918–1938 als schließlich der vierte Abschnitt seit 1945 in der Zweiten Republik, dem bisher vergleichsweise längsten durchgehenden Zeitraum.

Der wohl berühmteste Wiener Freimaurer ist Wolfgang Amadeus Mozart. Wiener? Ja, nach seiner endgültigen Übersiedlung nach Wien wurde er in Wien aufgenommen, war ein engagierter Bruder und blieb bis zu seinem Tod der Freimaurerei in Wien treu. Auch komponierte er Freimaurer-Musik, und seine Zauberflöte ist trotz ihres Wiener Singspielcharakters ein masonisches Meisterwerk mit tiefer Symbolik.

Allerdings ging Mozart Anfang der 2000er Jahre bei einer Umfrage des ZDF als berühmtester deutscher klassischer Komponist hervor. Auch das ist nicht so unrichtig. Seine Geburtsstadt Salzburg war ein unabhängiges Fürsterzbistum, gehörte nicht zu Österreich, war aber Teil des Heiligen Römischen Reichs Deutscher Nation. Und Mozart hat sich selbst des öfteren als »teutscher« Komponist bezeichnet.

Bei einer Ausstellung 2017 in der Österreichischen Nationalbibliothek Wien war unten stehendes Bild zu sehen, bezeichnet als Innenansicht der Wiener Loge »Zur gekrönten Hoffnung« 1790, Wien Museum. Berühmt geworden ist es unter dem Titel: »Mozart und Schikaneder in einer Wiener Loge«.

Allerdings war Schikaneder nie in einer Wiener Loge. Bereits als Geselle bekam er in seiner Heimatstadt Regensburg Logenverbot, und seine Loge teilte dies auch den Wiener Logen mit. Mozart und Schikaneder kannten sich aus Salzburg, anlässlich eines Gastspiels von Schikaneders Truppe.

Die Zauberflöte, Finale 1. Akt (1794)

Großmeister Georg Semler

Was ist Freimaurerei?

Der Großmeister der Großloge von Österreich, Georg Semler, hat für die Ausstellung der Österreichischen Nationalbibliothek im Jahr 2017 »300 Jahre Freimaurer. Das wahre Geheimnis« ein Geleitwort geschrieben, das Sichtweise und Prinzipien der Freimaurerei beschreibt, wie sie in Wien und Österreich verstanden wurde und bis heute verstanden wird:

Georg Semler
Das öffentliche »Geheimnis«

Die Geschichte der Freimaurerei ist die Geschichte ihrer Mitglieder und ihr Geheimnis ist ein »öffentliches Geheimnis«, wie es Johann Wolfgang Goethe, selbst Freimaurer, einst ausgedrückt hat. Diese zwei Feststellungen mögen jene Interessierten überraschen, die eher Enthüllungen über eine straff organisierte Geheimgesellschaft oder gar eine weltweite Verschwörung erwarten, wie sie der Freimaurerei von Gegnern seit nunmehr 300 Jahren unterstellt wird.

Tatsächlich ist unsere Geschichte viel bedeutsamer, als wilde Gerüchte phantasievoller Skandalautoren oder böswilliger Widersacher gerne suggerieren. Denn Freimaurer haben auf Basis humanistischer Grundwerte die Entwicklung der neuzeitlichen Gesellschaft prägend mitgestaltet. Beispiele gibt es dafür viele.

Leistungen für die Gesellschaft

Ein entscheidender Durchbruch der abendländischen Aufklärung, die Deklaration der Menschenrechte, wurde zum ersten Mal im Vorfeld der Unabhängigkeitserklärung der Vereinigten Staaten von Amerika im Jahr 1776 formuliert. Dieses mehrheitlich von Freimaurern formulierte Dokument stellt fest, dass jeder Mensch frei geboren ist, Anspruch auf Glück hat und seine eigene Würde besitzt.

Nach dem ersten Weltkrieg versuchten die Freimaurer Gustav Stresemann und Aristide Briand den historischen Gegensatz zwischen Deutschland und Frankreich zu beenden. Sie planten bereits in den 1920er-Jahren das voraus, was 1947 zur Gründung der Montanunion und später zur Europäischen Union führte. Der Freimaurer Richard Coudenhove-Kalergi nahm die moderne Europaidee mit seiner Paneuropa-Bewegung vorweg. Der Marshallplan hat den Wiederaufbau Europas nach dem zweiten Weltkrieg ermöglicht. Initiiert wurde er vom amerikanischen General, Außenminister und Freimaurer George C. Marshall.

Auch abseits der Politik haben Freimaurer in Wissenschaft, Kunst, Literatur und Musik große Leistungen vollbracht. Aus der Fülle der Persönlichkeiten seien in bunter Reihenfolge Voltaire, Alexander Fleming, Wolfgang Amadeus Mozart, Joseph Haydn, Jean Sibelius und der Friedensnobelpreisträger Alfred Hermann Fried genannt. Gotthold Ephraim Lessing meinte, dass man die Freimaurerei erfinden müsse, gäbe es sie nicht schon.

Verfemt oder verfolgt wurde und wird die Freimaurerei vor allem von Diktaturen und dogmatischen Systemen – in der Vergangenheit von der Kirche, dem Nationalsozialismus und dem Kommunismus. Während sich das Verhältnis zur Kirche, vor allem durch das vermittelnde Wirken Kardinal Franz Königs in den 1960er- und 1970er-Jahren, weitgehend entspannt und normalisiert hat, bleibt die Freimaurerei ein Hassobjekt für jene, die sich dem Rassen- oder Klassenhass und dem religiösen wie politischen Extremismus verschrieben haben. Wir Freimaurer fühlen uns dadurch in unserem Tun umso mehr bestätigt!

Die »Königliche Kunst«

Jeder einzelne Freimaurer bekennt sich heute zur Menschenrechtserklärung der Vereinten Nationen von 1948 und ist auch verpflichtet, danach zu handeln.

Die Freimaurerei ist eine international verbreitete Vereinigung. Sie tritt unter Achtung der Würde des Menschen für Toleranz, freie Entwicklung der Persönlichkeit, Brüderlichkeit und allgemeine Menschenliebe ein, und nutzt die Erkenntnisse auf der Höhe ihrer Zeit. Die Ziele dieser Arbeit sind Selbsterkenntnis, Selbstbeherrschung und Selbstveredelung. Hinter all dem steht die Idee, dass die Welt nur menschlicher werden kann, wenn jeder an seiner eigenen Humanität arbeitet, nicht an der des anderen. Auf diesem Wege bemüht sich die Freimaurerei um ein friedliches Zusammenleben von Menschen verschiedener Herkunft, Ausbildung, Religion und sozialer Stellung.

Sie baut dazu auf einem traditionellen Fundament auf:

Im Mittelalter errichteten Dombaumeister beeindruckende Kathedralen mit einfachen Werkzeugen wie Hammer, Meißel, Winkel und Zirkel. Sie schlossen sich in Zünften zusammen, die sie nach ihren Versammlungsräumen »Bauhütten« nannten (in England »Lodges« und in Frankreich »Loges«). Dazu stießen gebildete Männer, die keine Dombaumeister waren. So wurden die Logen zu Zentren des Nachdenkens über eine bessere Welt.

Noch heute ist die Freimaurerei in Logen und deren Dachverbänden, den »Großlogen«, organisiert.

Die drei Grade Lehrling, Geselle und Meister sowie Rituale und Symbole prägen die freimaurerische Arbeit. Sie sprechen den Menschen auf einer unbewussten Ebene an, bieten ihm die Möglichkeit, nachzudenken und zu reflektieren. Zu den bekanntesten Symbolen der Freimaurerei gehören Zirkel und Winkelmaß. Der Zirkel steht für den Kreislauf des Lebens und zugleich für die Unendlichkeit, da ein Kreis weder Anfang noch Ende hat. Der rechte Winkel steht für Ehrlichkeit und Gerechtigkeit, für eine redliche und vernünftige Handlungsweise, die in der österreichischen Freimaurerei ihre spezifische Ausformung im »Baustück« – einem kurzen Vortrag – in jeder Logenarbeit findet. Platon sagt, es sei eine königliche Kunst, (auf)recht zu leben, mit sich und der Welt im Einklang. In Anlehnung an diesen Ausspruch nennt sich die Freimaurerei auch »Königliche Kunst«.

Was die Freimaurerei nicht ist, nicht will und nicht tut

Die Freimaurerei ist kein Religionsersatz, keine Partei, kein berufliches Netzwerk und keine karitative Organisation, obwohl die Logen auch Spenden an wohltätige Organisationen geben. Dem Freimaurer geht es nicht um Macht, Einfluss oder Reichtum.

Die Freimaurerei ist eine diesseitige Lebenskunst der Selbstvervollkommnung. Sie hat keine Dogmen, keine Heilslehre und kein Bild vom Jenseits. Gleichwohl sieht sie den Menschen eingebettet in einen größeren Zusammenhalt, kennt ein »Höchstes Sein«. »Supreme Being« nennt es die Großloge von England in ihren Grundprinzipien. In Österreich wird es gemeinhin als »Großer Baumeister aller Welten« bezeichnet. Dabei ist es dem einzelnen Maurer freigestellt, wie er dieses Bekenntnis für sich auffasst und benennt. Diese Freiheit ist ein essentielles Grundprinzip der Freimaurerei, eine Lehre aus den europäischen Religionskriegen.

Daran orientiert sich auch die Großloge von Österreich, die derzeit 78 einzelne Logen im ganzen Bundesgebiet mit rund 3.500 Brüdern *(Stand von 2017)* umfasst. Ihr Sitz ist in Wien, wo der Großteil der Logen zu Hause ist. Die Großloge von Österreich vertritt eine laizistische, spirituell-philosophische Richtung. Daraus folgt, dass sie keine Stellungnahmen zu öffentlichen Streitfragen abgibt und sich nicht in die Tagespolitik einmischt. Sie hat keine »Weltzentrale«, ist kein Geheimbund, steht im Vereinsregister und ist telefonisch sowie im Internet über die Webseite *freimaurerei.at* erreichbar. Der Großmeister ist öffentlich bekannt. Die Freimaurer in Österreich legen allerdings Wert auf Diskretion. Das hat gute Gründe, die in den Erfahrungen europäischer Kulturkämpfe und Verfolgungen liegen. Ebenso nutzt die anerkannte Freimaurerei ihr Recht im Rahmen demokratischer Vereinsfreiheit, nur Männer in ihre Reihen aufzunehmen.

Sie unterstützt aber die Emanzipation der Frauen, ihre Gleichheit vor dem Gesetz und im täglichen Leben und respektiert jene Logen, die anderen Traditionen folgen. Die freimaurerische Idee lässt sich in verschiedenen Formen verwirklichen und bleibt niemandem verschlossen, der sie ernstlich verfolgen will.

Das Arbeitspensum

Freiheit, Gleichheit, Brüderlichkeit, Toleranz und Humanität sind und bleiben die freimaurerischen Grundsätze. Mit dem Beitritt zu einer Loge verpflichtet sich jeder Bruder, sie nach bestem Wissen und Gewissen zu leben. Freimaurer sind bestrebt, zum Wohle aller Menschen an sich zu arbeiten.

Ihre Ziele sind der Dialog, Verständnis für den Nächsten sowie Toleranz und Humanität gegenüber allen in der Gesellschaft – wie vor 300 Jahren so auch heute.

Andersons Constitution (1723, Titelblatt)

Franz Stephan von Lothringen

Anfänge außerhalb Wiens

Der erste österreichische Freimaurer war weder Wiener noch Österreicher und wurde auch nicht in Wien aufgenommen: Franz Stephan von Lothringen.

Bemerkenswert sind die Hintergründe, die zur Aufnahme Franz Stephans geführt haben.

Im Jahre 1729 wurde in Sevilla ein Friedensvertrag zwischen Frankreich und Spanien abgeschlossen, dem auch England und etwas später Holland beitraten. Dieser Friedensvertrag, der die Gefahr einer Isolierung des Habsburgerreiches zur Folge hatte, führte zu massiven diplomatischen Aktivitäten Habsburgs.

England wiederum war angesichts des durch den Frieden von Sevilla vermehrten Einflusses Frankreichs bemüht, sich einen Rückhalt in den österreichischen Ländern zu schaffen. Robert Walpole, der Leiter der britischen Außenpolitik, erteilte dem in Wien residierenden englischen Geschäftsträger die Vollmacht, einen Subsidienvertrag mit Österreich abzuschließen. Bei diesen Verhandlungen spielte der englische Gesandte in Holland, Philip Dormer Stanhope, Earl of Chesterfield, eine nicht unbedeutende Rolle.

Franz Stephan, der zu diesem Zeitpunkt bereits mit Maria Theresia verlobt war, trat 1731 eine Reise an, die ihn in die österreichischen Niederlande, nach Holland und England führte. Zweifellos handelte es sich dabei nicht um eine der üblichen »Cavalierstouren«, wie sie damals zur Usance gehörten, sondern diente viel eher der Besiegelung der freundschaftlichen Beziehungen zu England, welches die Pragmatische Sanktion (Erbfolge im Hause Habsburg auch in weiblicher Linie möglich) anerkannt hatte und nun, wie erwähnt, bereit war, dem Kaiser Subsidien zu leisten.

Friedrich Ludwig Schröder zitiert in seinen »Materialien zur Geschichte der Freimaurerei« folgenden Bericht der englischen Großloge: *»Unter diesem Großmeister (damals Lord Lovel) wurde Franz, Herzog von Lothringen und nachher Großherzog* *von Toskana und römischer Kaiser, zum Lehrling und Gesellen in Haag aufgenommen. Er deputierte dazu den Bruder Desaguliers als Meister; John Stanhope Esqu. und John Holzendorf Esqu. als Aufseher. Zugegen waren noch die Brüder Philip Stanhope, Graf von Chesterfield, Großbritannischer Gesandter; Jeremiah Strickland, des Bischofs von Namur Vetter; Benjamin Hadley und ein holländischer Bruder. Als Franz in demselben Jahre nach London kam, versammelte der Großmeister eine Loge auf Sir Walpoles Landhaus und nahm ihn und den Herzog von Newcastle zu Meistern auf.«*

Das Aufgebot an einflussreichen Persönlichkeiten, die bei der Aufnahmezeremonie in Den Haag in Holland mitwirkten, unterstreicht die Wichtigkeit, die man der Aufnahme Franz Stephans in den Bund beilegte. So war John Theophile Desaguliers der bedeutendste Großmeister für die Entwicklung der spekulativen Maurerei in England, ein Amt, das er von 1719–1723 innehatte.

Fleet Street mit Devils Taverne und Temple Bar

Eine weitere Angabe über die freimaurerische Tätigkeit Franz Stephans findet sich in der »Daily Post« in London vom 4. Dezember 1731: *»Gestern Abend waren seine Königliche Hoheit, der Herzog von Lothringen, der Prinz von Wales und mehrere Personen von Adel in einer Freimaurerloge in der Devils Taverne near Temple-Bar, wo sie von den Brüdern in schönster Weise bewirtet wurden.«*

Und noch 50 Jahre später wurde in dieser Loge bei Festarbeiten ein Toast auf Franz Stephan ausgebracht.

Die Aufnahme Franz Stephans war sicher eine politische Aktion, es ging weniger um freimaurerische Ideale, sondern vielmehr um realpolitische Interessen.

Entgegen vielen anderslautenden Meldungen hat Franz Stephan, natürlich auch als Kaiser Franz I. in Österreich keine weiteren masonischen Tätigkeiten unternommen, auch wenn es eine Unzahl von derartigen Meldungen gibt.

Allerdings gab es einen Brief 1745 an Franz I. anlässlich dessen Ernennung zum Heiligen römischen Kaiser Deutscher Nation: *(...) Eure Kaiserliche Majestät kennen die ganze Kraft des Bandes der Brüderlichkeit, das alle Freimaurer ebenso vereinigt, wie die ständige Ausübung der Tugenden, welche die Grundlage ihrer verehrungswürdigen Gesellschaft bilden, zu der Eure Kaiserliche Majestät bis zur Gegenwart als eines ihrer berühmtesten Mitglieder gehört haben. (...) Die Gerechtigkeit, die Milde, die Mäßigung, eine wahre Zuneigung zu den Menschen, die Großmut und die Wohltätigkeit; das sind die Tugenden dieser wahren Freimaurer. (...) In dieser seiner Eigenschaft erbittet ein Orden, der als solcher verehrungswürdig ist, den Schutz Eurer Kaiserlichen Majestät gegen die Umtriebe und Kabalen seiner Neider.*

Höchster, Sehr mächtiger Kaiser, Sehr Ehrwürdiger Bruder, als Eurer Kaiserlichen Majestät sehr ergebene Brüder Freimaurer der holländischen Logen. gez. Radermacher, Großmeister,
gez. Louis Dagran, Deputierter Großmeister

Eine Antwort Franz Stephans findet sich nicht in den Archiven der holländischen Großloge.

Wien, Kohlmarkt (um 1730)

Wien, der Graben (um 1730)

Wie die erste Loge nach Wien kam

Die Freimaurerei gelangte über mehrere Etappen nach Wien. 1737 erfolgte mit einem Patent der englischen Großloge die Gründung der »Loge d'Hambourg«; 1738 wurde in einer Deputationsloge aus Hamburg Friedrich II. von Preußen als Kronprinz in Braunschweig in den Bund aufgenommen. Unter seinem Protektorat stand die 1740 gegründete Loge »Aux Trois Globes« in Berlin, die spätere Großloge »Zu den Drei Weltkugeln«.

Von Berlin aus errichtete man am 18. Mai 1741 in Breslau (das damals zu Österreich gehörte) die Loge »Aux Trois Squelettes« unter dem Stuhlmeister Fürstbischof Philipp Gotthard Graf Schaffgotsch; und ein Angehöriger dieser Bauhütte, der Reichsgraf Albrecht Josef von Hoditz, reiste nach Wien und nahm hier die Einsetzung der Loge »Aux Trois Canons« vor.

Das älteste österreichische Werk über Freimaurerei war das bereits im vorletzten Regierungsjahr Karls VI. (1739) in Wien erschienene, öffentlich angekündigte und daher wohl auch anstandslos verkaufte Buch:

»Geheime Constitution der sogenannten Frey-Maurer, worinnen die gute Vnion und Verschwiegenheit mit Pflicht gegen sich auf das Feuerlichste geschworen wird. Verlegt auf Vnkosten der Wienerischen panco-Deputation.«

Über dieses verschollene Werk ist nichts weiter bekannt, als dass es sich in Hormayers »Taschenbuch für vaterländische Geschichte«, Jahrgang 1846, Seite 134 in einem daselbst ohne Quellenangabe abgedruckten Verzeichnis findet, welches lautet:

»Verzeichniss ainig Neu ausgegangener Biecher, welche nebst villen anderen zu Wien disen Pfingstmarkt a° 1739 um einen billichen preis zu bekomen. Bey den Verleger des Englischen Wahrsager's; die Mitten ist in der sogenannten Franzosen-Gassen.«

Aus diesem Faktum geht wohl hervor, dass Karl VI. kein Gegner der Freimaurerei gewesen sein kann, wenn der Verkauf freimaurerischer Bücher in seiner Residenzstadt offen erfolgte.

Ludwig Lewis schreibt über diese Zeit in seinem 1861 erschienenen Buch »Geschichte der Freimaurerei in Österreich«:

Es liegen keine geschichtlichen Belege vor, dass die Maurerei vor Karl VI. in Österreich in den ungarischen und deutschen Erbstaaten bestanden habe. Gleichwohl kann wohl kaum daran gezweifelt werden, da bekannt ist, dass sie in den österreichischen Niederlanden, vorzüglich in Brabant und Flandern Fuß gefasst hatte, indem der Kaiser sich veranlasst sah, auf Andringen der dortigen Geistlichkeit und der Stände sie im Jahre 1736 zu unterdrücken.

Gleiche Versuche, die in Wien bei dem Kaiser gemacht wurden, um ein gleiches Verbot in Betreff der Logen in den übrigen Erbstaaten von ihm zu erlangen, blieben ohne Erfolg, was vermutlich dem Umstande zugeschrieben werden muss, dass einflussreiche Personen sich am kaiserlichen Hofe befanden, die den Bund beschützten. Dieser Schutz war so mächtig, dass selbst die Bannbulle vom 27. April 1738, welche Papst Clemens XII. gegen die Freimaurerei erließ, worin er sie mit Gefängnis, Confiscation der Güter, Verbannung und selbst mit der Todesstrafe bedrohte, in Wien nicht öffentlich bekannt gemacht wurde, und keine andere Folge hatte, als das Verbot der Freimaurerei in den österreichischen Niederlanden aufrecht zu erhalten. Es unterliegt nicht dem mindesten Zweifel, dass am Hofe Karl's VI., der einer der besten und aufgeklärtesten Fürsten aus dem Hause Habsburg war, der Orden dem kaiserlichen Schwiegersohne Schutz und Schirm zu verdanken hatte.

Der
Freymäurer.
Im Jahre 1738
herausgegeben,
v. Joh. Joach. Schwabe

Leipzig,
verlegts Bernhard Christoph Breitkopf.

Auch dieses Buch von Johann Joachim Schwabe war 1739 in Wien erhältlich.

Rosenkreuzer-Schurz (Wien, 18. Jh.)

einfacher Lederschurz (Wien, 18. Jh).

Das 18. Jahrhundert
Der Beginn in Wien

Die Loge »Aux Trois Canons«

Am 17. September 1742 fand die erste Arbeit der *»sehr ehrwürdigen Gesellschaft der Freimaurer«* statt, die sich ab November den Namen »Aux trois Canons« gab. Der Logenname ist mit ziemlicher Sicherheit eine Anspielung auf die drei »Canones«, das Lehrsystem der drei symbolischen Grade (Lehrling, Geselle, und Meister) der Maurerei. Die Logenangehörigen waren Männer, die schon früher außerhalb Österreichs in die Freimaurerbruderschaft aufgenommen worden waren; so unter anderen Jakob Borkowski-Dunin von der polnischen diplomatischen Vertretung, der russische Botschaftssekretär Czernichew und der französische Diplomat Blair.

Albert Joseph von Hoditz

Freimaurer-Tempel im 18. Jh / Schloss Rosenau

Die Protokolle der Loge sind erhalten geblieben, und so lesen wir in deutscher Übersetzung (da in französischer Sprache gearbeitet wurde):

Wien, am 17. September 1742.
Die sehr ehrwürdige Gesellschaft der Freimaurer.
Die sehr achtbare Großloge hat sich heute am 17. September beim sehr ehrwürdigen Großmeister Br. Hodiz versammelt. Unter der Leitung der nachgenannten Brüder Hoditz – Großmeister, Wallenstein, Gilgens – Aufseher, Golmann – Schatzmeister, Chernichow – Sekretär.

Anwesende: Duni, Michna, Blair – Gesellen, Arnaud – Lehrling.

2 Türhüter, 6 dienende Brüder.

Aufgenommen: Doria, Hamilton, Joerger, Gondola, Zinnendorf, Tinti, Camellern, Schram, Engel, Benedetto Testa.

Und da der Sehr Ehrwürdige und die Meister übereingekommen waren, hier eine Großloge zu errichten, hat man heute damit den Anfang gemacht durch die Aufnahme obstehender Brüder, welche mit allen erforderlichen Formalitäten aufgenommen wurden und sich allen Gesetzen der sehr ehrwürdigen Gesellschaft unterworfen haben, mit dem besten Dank der Welt.

An diesem Abend waren laut Protokoll nur fünf Meister, drei Gesellen und ein Lehrling anwesend, obwohl in den Statuten jeder Loge eine Mindestanzahl von sieben Meistern vorgeschrieben ist.

Die Loge »Aux Trois Canons« zeichnete sich durch ein rasantes Wachstum aus: Bereits bei der Gründungsarbeit waren zehn neue Mitglieder aufgenommen worden, und obwohl die Zeit der Tätigkeit der »Trois Canons« kurz war (sie währte vom 17. September 1742 bis zum 7. März 1743 – dem Datum der gewaltsamen Aufhebung), wurden in dieser Zeit nicht weniger als 56 Aufnahmen in die Loge vorgenommen, 19 Lehrlinge zu Gesellen befördert und 15 Gesellen zu Meistern erhoben. Unter diesen finden sich die klangvollsten Namen des in- und ausländischen Hochadels, wie Batthyany, Bethlen, Draskovich, Hoyos, Ligny, Paar, Salm-Reiffenscheid, Starhemberg, Trauttmansdorff, Windischgrätz, ein Prinz von Hessen-Rheinfels, Seilern, Gallas, Schwarzenberg, Lievenstein, de Lith etc.

In dieser Zeit waren die österreichischen Freimaurer noch Angehörige der Österreichischen Provinzialloge, die der Großen Landesloge von Deutschland unterstand.

Gundelhof (Bauernmarkt)

Ein schönes Beispiel für den Geist der religiösen Toleranz, die in der Trois Canons herrschte, ist die Aufnahme des Juweliers Jacques Pallard. Aus der Eintragung ins Logenprotokoll ergibt sich eindeutig, dass dieser Jude war, der nun gleichberechtigt mit Hocharistokraten wie dem Erbreichspostmeister Wenzel Johann Josef Graf Paar oder Constantin Prinz von Hessen-Rheinfels–Rotenburg an den Logenarbeiten teilnahm. Auch aus dem geistlichen Stande kam ein Mitglied, der Weihbischof Sigismund Graf Gondola.

Die Arbeitsstätten der Loge »Aux Trois Canons«: 1742–1743

Augartenstraße Nr. ? Wohnung des Profanen Dalberg »vis à vis l'ancienne Favorite Imperiale«

Bauernmarkt, Margaretenhof

Bauernmarkt 2–4, ehemals Gundelhof Wohnung des französischen Dramatikers und Schauspielers Pierre-Laurent Marquis Buirette de Belloy, Mitglied der Académie française

Kienmarkt Haus Zum Stachelschwein Wohnung des Beamten der siebenbürgischen Hofkanzlei Ladislaus Freiherr von Kémény, bzw. dessen Bruders Johann Freiherr von Kémény

Kohlmessergasse Hartmann'sches Haus gegenüber dem Salzmagazin im Rotenturmviertel Wohnung des fürstlich-brandenburgischen Geheimen Hofrats Johann Wilhelm von der Lith

Renngasse Nr.? Wohnung des Theologen, späteren Bischofs von Paderborn und ab 1773 Präses der Theologischen Fakultät in Wien Joseph Franz Sigismund Graf Gondola

Teinfaltstraße, heute Eckhaus Schreyvogelgasse-Teinfaltstraße Wohnung des k. k. Kämmerers Nicolaus Graf Hamilton

Untere Bäckerstraße, heute Sonnenfelsgasse Nr.? Gatterburg'sches Haus

Auf der Hohen Brucken (Aushebung der Loge »Aux Trois Canons«)

Das Ende der Loge »Aux Trois Canons«

Am 7. März 1743 trat die Loge zusammen, um sechs neue Mitglieder aufzunehmen. Diese Zusammenkunft wurde jedoch auf Anordnung von Kaiserin Maria Theresia aufgelöst. Fürst Johann Joseph Khevenhüller-Metsch, Kaiserlicher Obersthofmeister, notierte unter diesem Datum in sein Geheimtagebuch:

»Den 7. (März 1743) wurde auf königliche Verordnung durch die Sicherheitswache eine Compagnie Freimaurer, als solche eben in ihrer sogenannten Loge, wozu sie einige chambres garnies auf der hohen Brucken gemiethet hatte, versammlet und einen jungen Graffen von Trauttmanstorff zu Gratz mit ihren gewöhnlichen aberglaubischen Zeremonien aufzuschwören beschäftigt waren, gälings überfallen und aufgehoben. Es befanden sich unter denselben nebst einigen niederen Standes ein Legations-Sekretarius eines auswärtigen Hoffs, ein Geistlicher und verschiedene Cavalliers, ja sogar kaiserliche und königliche Cammerherren, deren Namen ich aus christlicher Lieb und schuldiger Discretion verschweige. Ersterer wurde seines caracters publici halber sogleich entlassen, den zweiten übergab man denen geistlichen Censoren, letztere aber wurden mit Hauß-Arrest und teils Geldstraff belegt, (…) ja es fählte gar nicht vill, daß denen Cammerherren auch der Schlüssel weggenohmen worden wäre. Alle aber musten sich von dem Cardinalen ab excommunicatione, worein sie tenore decreti pontifici superrime lati ipso facto verfallen, iuxta ritum ecclesiae absolvieren. Diese Begebenheit machte anfangs viII Aufsehens, und die Inquisiti, welche zwar bestmögliche Contenance hielten, musten noch lang nachher zum Gespött dienen.«

Den Teilnehmern von hohem Stand erlaubte man gegen Versprechen bis auf weiteres in Hausarrest zu bleiben, ein irländischer Geistlicher wurde in das erzbischöfliche Gefängnis gebracht, die restlichen Anwesenden in das Rumorhaus, wo sie bis zum 19. März in Arrest blieben. Allen Beteiligten wurde unter Androhung empfindlicher Strafen verboten, sich in Zukunft in einer Loge zusammenzufinden.

Die Loge »Aux Trois Coeurs« (Zu den drei Herzen)

Während die erste Bauhütte in Wien, »Aux Trois Canons«, eine reguläre und eigenständige Wiener Logengründung war, begegnen wir bei der zweiten Wiener Loge einer hannoveranischen Deputationsloge. Ihre Aktivität währte vom 21. Juni 1754 bis zum 29. Dezember 1754. Auch ihre Protokolle sind erhalten geblieben.

Die Loge Friedrich (später Loge Friedrich Zum weißen Pferd) in Hannover stellt der Deputations-Loge »Aux Trois Coeurs« in Wien das Patent aus, jedoch beschränkt auf die Leitung durch Johann Friedrich Raban von Spörcke und auf die Dauer seiner Anwesenheit in der Residenzstadt Wien. Weitere Voraussetzung ist, dass anschließend alle schriftlichen Unterlagen und die von der Mutterloge zur Verfügung gestellten Utensilien sowie auch ein vorbestimmter Anteil der Aufnahmegebühren nach Hannover abgeliefert werden.

Am 21. Juni 1754 findet die feierliche Eröffnung der Loge in der Wiener Wohnung Spörcke's statt, an der insgesamt sieben hannoveranische, englische und französische Diplomaten teilnehmen. Die Loge hat kein fixes Logenquartier, arbeitet im Geheimen an wechselnden Orten, und die Mitglieder nehmen auf Grund der notwendigen Geheimhaltung Decknamen an.

Die Logenzusammenkunft vom 6. Juli 1754 ist insofern bemerkenswert, als das Protokoll die Anwesenheit von einigen Brüdern der Loge »Aux Trois Canons« erwähnt. 12 Jahre nach ihrer gewaltsamen Aufhebung scheint diese Bauhütte also noch aktiv zu sein, wenn auch nur im Geheimen.

Obwohl Johann Friedrich Raban von Spörcke im August 1754 Wien verlässt, arbeitet die Loge entgegen ihrer Bestimmung weiter. Am 29. Dezember findet noch eine Aufnahme statt, trotzdem stellt die Loge an diesem Tag endgültig ihre Arbeit ein.

Die Militärloge »Die Freigiebigen«

1761 erfolgt die Gründung der Militärloge »Die Freigiebigen«, die Loge wird auch als Loge »Royal militaire de Vienne« bezeichnet. Stuhlmeister ist Johannes Ferdinand Graf Kuefstein. Die Gründung erfolgt unter Mitwirkung österreichischer Offiziere, die aus der Kriegsgefangenschaft in Berlin bzw. Magdeburg zurückgekehrt waren. Die Loge arbeitet im Clermont'schen Hochgradsystem. Auf die drei symbolischen Grade folgen fünf bzw. sechs Hochgrade: Schottischer Meister, Auserwählter Meister, Ritter vom Osten, Ritter vom Rosenkreuz, Ritter vom dreifachen Kreuz und Ritter vom Königlichen Gewölbe (Royal Arch). Die Loge arbeitet in der Vorderen Schenkenstraße (heute Bankgasse) im fürstlich Auersperg'schen Haus neben dem Schwarzen Tor und besteht zumindest bis Anfang der 1770er Jahre.

Am 18. August 1765 stirbt Franz I. Er war zwar offiziell Mitregent Maria Theresias, in der Realität jedoch ein Prinzgemahl ohne großen Handlungsspielraum. Vielleicht war das der Grund, dass er sich nie in Maria Theresias Feindschaft der Freimaurerei gegenüber eingemischt hat. 1740 kaufte Franz I. ein Palais (Wallnerstraße 3), das bis heute als »Palais Kaiserhaus« bekannt ist. Hier konnte er seinen Aufgaben als römischer Kaiser deutscher Nation nachkommen und sich um das Herzogtum Toskana kümmern. Weiteren Neigungen dürfte er nicht abgeneigt gewesen sein. So berichtete der preußische Gesandte Graf Podewils darüber nach Berlin:

»Er (Franz Stephan) veranstaltet heimlich galante Soupers mit ihnen (seinen Eroberungen), aber die Eifersucht der Kaiserin nötigte ihn, sich darin zu beschränken. Sobald sie bemerkt, dass er irgendeiner Frau den Hof macht, schmollt sie und macht ihm das Leben so unangenehm wie möglich.«

Aber auch handwerkliche Neigungen hatte Franz I. Im Kaiserhaus gab es ein voll eingerichtetes alchemistisches Atelier und eine Tischlerwerkstatt mit Hobelbank und reichhaltiger Ausstattung. Beides benutzte er regelmäßig.

Der Kaiser galt als unkompliziert und verfügte über großen Realitätssinn und Menschenkenntnis. Dank seines ausgleichenden Charakters bildete Franz Stephan in der Familie den ausgleichenden Part. Einige der Kinder hatten zu ihm ein viel näheres Verhältnis als zur Mutter, wie z. B. die älteste Tochter Maria Anna, die ihre naturwissenschaftlichen Interessen mit ihm teilte.

Die Ehe mit Maria Theresia, der 16 Kinder entsprangen, wird einhellig als glücklich beschrieben. Eine derart harmonische Beziehung war nicht die Regel an Europas Höfen, wo dynastische Ehen nicht aufgrund von Sympathie, sondern nach politischen Gesichtspunkten geschlossen wurden. Im Falle von Maria Theresia und Franz Stephan entwickelte sich die ebenfalls auf dynastischen Gründen beruhende Heirat zu einer offensichtlich funktionierenden Partnerschaft. Zum Gelingen der Ehe hatte sicherlich die Tatsache beigetragen, dass die beiden einander seit ihrer Kindheit kannten und sich aneinander gewöhnen konnten.

Nach dem Tod von Franz I. kam 1765 sein Sohn Joseph an die Macht: Er wurde zum römisch-deutschen Kaiser Joseph II. gekrönt und fungierte in den habsburgischen Erbländern als Mitregent seiner Mutter Maria Theresia. Maria Theresia blieb aber bis zu ihrem Tod 1780 die dominante Übermutter. Familienintern kam es häufig zu Meinungsverschiedenheiten zwischen Joseph und seiner Mutter, die seine Umwälzungen als überstürzt und fehlgeleitet empfand. Zumindest konnte sich jetzt die Freimaurerei ohne große Angst vor Verfolgung entwickeln. Da Joseph II. ihr zwar skeptisch, aber nicht ablehnend gegenüberstand, hatte er vielleicht doch zumindest in dieser Angelegenheit einen gewissen Einfluss auf seine Mutter.

Haben die Logen in Wien bisher in französischer Sprache gearbeitet, so wird ab jetzt die deutsche Sprache verwendet. Von 1770 an entstehen mehrere Logen in Wien:

Die Loge »Zur Hoffnung«

Am 1. Dezember 1770 erfolgt die Gründung der Loge »Zur Hoffnung« in Wien in der Wohnung von Friedrich Constantin von Jakobi durch acht Schottische Meister und Ritter des hl. Andreas von der Distel, um »*unsere königliche Kunst an einem Ort fortzupflanzen, wo Vorurteile und Unwissenheit sich unaufhörlich wider unsere ehrwürdige Tugend waffnen und eine Loge in Wien zu etablieren*«.

Das Hausgesetz der Loge sieht unter anderem vor, jemanden von der Aufnahme auszuschließen, wenn er ein »*Schwätzer, Plauderer, Wißling, oder auf Kosten anderer hochmütig, hart, unentschlossen, ohne Kenntnisse oder ein Verächter derselben sei, wie auch wenn jemand von Profession ein Stieler, Zänker, Fanatist, rachgierig, Stutzer oder Freygeist nach der Mode ist*«. Außerdem ist im Hausgesetz sichergestellt, dass die Schottischen Meister die Leitung der Loge innehaben.

Ein kompliziertes System von Sicherheitsvorschriften soll die Geheimhaltung der offiziell verbotenen Logenarbeiten garantieren, und selbst das Bestehen der Loge darf logenfremden Freimaurern nicht mitgeteilt werden. Die Loge arbeitet nur einmal monatlich, die Verständigung dazu erfolgt nach einem sorgfältig überlegten Modus.

1775 ändert die Loge als Huldigung an Joseph II. ihren Namen in »Zur gekrönten Hoffnung«.

Am 11. März 1771 wird das Licht in die **Loge »Zu den drey Adlern«** eingebracht.

Anfang 1774 erhält die Loge »Zu den drey Adlern« von ihrem Protektor Herzog Albert Kasimir von Sachsen-Teschen die Warnung, sich nicht auf die Duldung der Obrigheit für ihre Logenarbeiten zu verlassen, da die Polizei auf sie aufmerksam geworden sei und die Gefahr besteht, dass die Loge ausgehoben wird. Trotzdem wächst diese Loge weiter und verdoppelt innerhalb eines Jahres ihren Mitgliederstand auf 52 Brüder.

Und am 15. November 1774 beginnt die **Loge » Zum Heiligen Joseph«** ihre einstweilige Arbeit mit ausländischen und Wiener Brüdern, die bereits im Ausland das Licht erhalten haben. Die Loge arbeitet bis zum Jahr 1775 in aller Stille und nimmt auch keine weiteren Mitglieder auf, empfängt aber immer wieder Besucher, sowohl von Anhängern der Laten Observanz als auch der Strikten Observanz. Erst nachdem im September 1775 die Große Landes-Loge von Deutschland dieser Loge ihren Schutz ankündigt, erfolgt die offizielle Gründung. Zu diesem Zeitpunkt hat die Loge bereits 156 Mitglieder.

1773 erfolgt die Gründung der Gold- und Rosenkreuzer-**Loge »Zu den drey Schwertern«** durch den aus der Loge »Zur Hoffnung« ausgeschlossenen Gold- und Rosenkreuzer Johann Christian Thomas Bacciochi, der auch das Amt des Meisters vom Stuhl übernimmt. Die Loge wird Ende 1782 letztmalig genannt, besteht aber vermutlich noch bis 1785, ohne jedoch in die Gründung der Großen Landes-Loge von Österreich einbezogen zu werden.

Am 21. Februar 1776 teilt sich die Loge »Zu den drey Adlern« durch die Gründung der **Loge »Zum Palmbaum«**.

Der deutsche Freimaurer August Siegfried von Goue (1743–1789) schreibt in seinem Buch »Über das Ganze in der Maurerei« nach einem Wien-Besuch über das Wiener Logenwesen in den 1770er-Jahren: *»In Wien traf ich Logen aller Gattungen, alt-schottische, englische, französische, von der strikten Observanz, vom Zinnendorf'schen System; chemische, praktische und magische (...) Sie mussten alle im Verborgenen arbeiten, weil die sonst große Maria Theresia die Freymaurer durchaus nicht leiden konnte (...)«.*

Um den Logen einen stärkeren Rückhalt zu geben, wird im Jänner 1776 unter dem Schutz der Großen Landesloge von Deutschland provisorisch eine Provinzialloge von Österreich eingerichtet. Franz August Heinrich von Sudthausen schreibt darüber an Johann Wilhelm von Zinnendorf nach Berlin: »... *In der vorigen Woche habe ich in der Loge Josef (Zum heiligen Joseph) eine Aufnahme nach unserer Art gemacht (...) Eine Provinzial-Loge habe ich bereits eingerichtet, weil es zur Ausbreitung des Ganzen in hiesigen Landen durchaus erforderlich ist. (...) Die Brüder müssen hier außerordentlich behutsam sein und dürfen sich daher nur selten, wie Diebe in der Nacht versammeln, dürfen auch keine Tafellogen halten.*« Der Kaiser *(»Ob der Kaiser ein Maurer sei, weiß Keiner zu sagen«)* soll sich geäußert haben, die Freimaurer hätten nichts Widriges mehr zu befürchten, sie müssten jedoch so diskret bleiben wie bisher und sich vor allem hüten, dass der Pöbel nichts von ihren Zusammenkünften erfahre.

In den Logen des 18. Jahrhunderts in Wien gab es noch keine unterschiedlichen Logenabzeichen (Bijoux). Alle Brüder trugen kleine Maurerkellen am Revers, Lehrlinge und Gesellen silberne, Meister goldene.

Bijoux 18. Jh. Kelle (Silber für Lehrlinge, Gold für Gesellen und Meister)

Ab 1777 arbeiten die Wiener Logen als Provinzialloge von Österreich unter dem Schutz der Großen Landesloge der Freimaurer von Deutschland.

Angelo Soliman

Ignaz von Born

Am 18. August 1780 wird das Licht in die **Loge »Zu den 7 Himmeln«** (Aux Sept Cieux) eingebracht. Der Stuhlmeister ist Jacques de Lorenzo. Als Deputierter Meister dieser Loge wirkt Hans Heinrich Freiherr von Ecker und Eckhoffen, Begründer des Hochgradsystems »Orden der Ritter und Brüder St. Johannes des Evangelisten aus Asien in Europa« (kurz »Asiatische Brüder« genannt), ein von den Gold- und Rosenkreuzern abgeleitetes, an die drei symbolischen Grade anschließendes fünfstufiges Hochgradsystem mit kabbalistischen, gnostischen und alchemistischen Elementen. Außerdem gründet er den kabbalistisch-alchemistisch-gnostischen aus fünf Graden bestehenden »Orden der Ritter und Brüder des Lichts«, der im Gegensatz zu den deutschen christlich orientierten Logen sowie den Gold- und Rosenkreuzern interkonfessionell ausgerichtet ist und auch die Aufnahme von Juden und Muslimen zulässt.

Am 12. März 1781 wird die **Loge »Zur Wahren Eintracht«** als dritte Wiener Johannisloge gegründet. Fünfzehn Mitglieder, darunter zwei Gesellen und drei Lehrlinge, der Loge »Zur Gekrönten Hoffnung« versammeln sich im Haus von Ignatz Fischer, dem ersten Stuhlmeister dieser Loge.

Joseph von Sonnenfels

Unter den mehr als zweihundert Mitgliedern finden sich prominente Künstler, Wissenschaftler und Intellektuelle wie die Musiker Joseph Haydn und Johann Holzer, die Schriftsteller Aloys Blumauer, Johann Baptist von Alxinger, Joseph Franz von Ratschky, Cornelius von Ayrenhoff, Johann Georg Schlosser, Johann Pezzl, Carl Leonhard Reinhold und Otto Heinrich von Gemmingen-Hornberg, der Bildhauer Franz Anton von Zauner, der Botaniker Emmanuel von Canal, der Mineraloge Carl Ludwig Giesecke, der Justiz- und Verwaltungsreformer Joseph von Sonnenfels, der Theologe Carl Wilhelm Hilchenbach und viele mehr. Angelo Soliman, der »hochfürstliche Mohr,« ein Schwarzafrikaner in den Diensten von Joseph Wenzel Fürst von und zu Liechtenstein, wird am 7. September (vermutlich als Geselle einer irregulären Winkelloge und nachdem er vorher drei Arbeiten der Loge besucht hatte) als Freimaurer anerkannt, in die Loge aufgenommen und am 6. Oktober zum Meister erhoben.

Ignaz von Born wird am 14. November auf Grund eines von Angelo Soliman gestellten Aufnahmeantrags hell leuchtend ballotiert, als Geselle anerkannt und affiliiert. Born wurde seinerzeit in eine nicht bekannte, angeblich Prager Loge aufgenommen; am 28. November, zwei Wochen nach seiner Anerkennung, wird Born zum Meister erhoben.

Am 6. Juli 1782 affiliirt Joseph von Sonnenfels in die Loge Zur Wahren Eintracht. In seinem schriftlichen Aufnahmeansuchen behauptet er, in der Loge Balduin in Leipzig aufgenommen worden zu sein, in deren Matrikelbuch scheint sein Name jedoch nicht auf.

Einweihung des neuen Tempels im Haus von Ignaz von Born, Dorotheergasse 12

Das von Ignaz von Born den Brüdern vorgelegte Konzept, in dem er die Änderung des üblichen Rituals durch die Hereinnahme von Aufsätzen (Baustücken) vorschlägt, wird von der Loge (mit der Einschränkung auf maurerische Themen und auf Meister) beschlossen: Dem Konzept entsprechend sollen die Brüder *»eigene Aufsätze über solche Gegenstände vorlesen, auf deren Kenntnisse und Bearbeitung uns unsere Gesetze selbst anweisen«*, der Stoff sollte ursprünglich *»aus der Moral, der Naturlehre im weitesten Verstande und aus der Mathematik«* bestehen, *»theologische Streitereien, Juristerey und Dinge, welche die Staatsverfassung betreffen«, von der Behandlung jedoch ausgeschlossen sein. Die Vorträge müssen vorher zur Durchsicht eingereicht werden.«* Der Titel des ersten Vortrags lautet: »Über die Mysterien der Ägypter« und wird auch als erster Beitrag in dem ab 1784 von der Loge herausgegebenen »Journal für Freymaurer« veröffentlicht. Innerhalb eines Jahres verdoppelt sich die Zahl der Mitglieder dieser Loge von 41 auf 83.

Joseph Haydn war Mitglied dieser Loge. Seine Aufnahme wurde für den 28. Jänner 1785 festgesetzt, konnte aber nicht stattfinden, da Haydn inzwischen nach Eszterhaza zurückgereist war und er, da ihn die Nachricht über den Aufnahmetermin zu spät erreicht hatte, am Erscheinen verhindert war. Die offizielle Aufnahme musste daher verschoben und am 11. Februar 1785 nachgeholt werden. Joseph Haydn hat nach seiner Aufnahme nie mehr an einer Logenarbeit teilgenommen.

Im September 1781 erfolgt die Zusammenführung der Logen Zu den drey Adlern und Zum Palmbaum unter dem neuen Namen **Loge »Zu den drey Adlern und Zum Palmbaum«** (Meister vom Stuhl Johann Baptist Edler von Puthon). Allerdings trennen sich diese beiden Logen nach zwei Jahren wieder.

Die Loge »Zu den Sieben Himmeln« teilt am 18. Jänner 1782 die mit Jahreswechsel »gemäß erlangter Erlaubnis« erfolgte Umbenennung in die nunmehrige **Loge »Zur Beständigkeit«** mit.

Die Lichteinbringung in die **Loge »Zur Wohltätigkeit«** findet am 2. Februar 1783 statt. Ihr Meister vom Stuhl ist Otto Heinrich Freiherr von Gemmingen zu Hornberg; die Loge wird von neun Brüdern der Loge »Zur Gekrönten Hoffnung« und drei Brüdern der Loge »Zum Heiligen Joseph« gegründet.

Am 5. Dezember 1784 teilte diese Loge den Schwesterlogen folgendes mit: *Vorgeschlagen: Kapellmeister Mozart. – Unser abgegangener Secr: Br: Hoffmann vergaß diesen vorgeschlagenen bey den sehr ehrw: Schwesterlogen auszuschreiben, er ist schon vor 4 Wochen bey der hochw: Districtsloge angesagt, und wir wollen daher kommende Woche zu seiner Aufnahme schreiten wenn die sehr ehrwürdigen Schwesterlogen nichts gegen ihn einzuwenden hätten. Wien im Orient, 5. Dezember 1784*

Unterzeichnet Schwanckhardt: Secr:

Wolfgang Amadeus Mozart wird am 14. Dezember als Lehrling aufgenommen und am 7. Jänner 1785 zum Gesellen befördert. Auch Mozarts Vater Leopold Mozart wird auf Wunsch seines Sohnes in diese Loge aufgenommen (am 6. April 1785).

Am 24. Juli 1783 erfolgt die Gründung der **Loge »Zu den 3 Feuern«** durch mehrere Brüder der Loge »Zur Gekrönten Hoffnung«. Die Loge arbeitet zunächst nach dem Clermont'schen Hochgradsystem, gibt aber ihre Mitglieder nicht bekannt und zeigt eher Interesse, sich unter den Schutz des im Vorjahr in Wetzlar bzw. Frankfurt/Main neu gegründeten Eklektischen Bundes zu stellen.

Maria Theresias Sohn Joseph II. lehnt zwar selbst eine Aufnahme in den Bund ab, seine Anweisung, dass alle Orden, also auch die Freimaurerei, keine ausländischen Oberen anerkennen und Geldabgaben ins Ausland leisten dürfen, führt jedoch zur Gründung der ersten Großloge auf Wiener Boden: der Großen Landesloge von Österreich mit sechs Provinziallogen: Österreich, Böhmen, Lombardei, Galizien, Siebenbürgen und Ungarn.

Joseph II.

Wir Joseph der Zweyte, von Gottes Gnaden erwählter römischer Kaiser, zu allen Zeiten Mehrer des Reiches, König in Germanien, Hungarn und Böheim ꝛc. Erzherzog zu Oesterreich, Herzog zu Burgund und Lotharingen ꝛc. ꝛc.

Entbieten Unseren gesammten treugehorsamsten Ständen, grundobrigkeitlichen Beamten, Ortsrichtern, Geschwornen und übrigen Unterthanen in Böhmen, Mähren und Schlesien Unsere landesfürstliche Gnade, und geben euch hiemit gnädigst zu vernehmen:

Da wir in Erwägung gezogen, daß die Aufhebung der Leibeigenschaft, und die Einführung einer gemäßigten nach dem Beyspiel Unserer Oesterreichischen Erblande eingerichteten Unterthänigkeit auf die Verbesserung der Landeskultur und Industrie den nützlichsten Einfluß habe, und daß Vernunft und Menschenliebe für diese Aenderung das Wort sprechen.

Toleranzpatent

Obwohl, dank Joseph II. und der Mitwirkung vieler Freimaurer, in der österreichischen Monarchie 1774 die Allgemeine Schulordnung, 1781 das Toleranzpatent, die Aufhebung der Leibeigenschaft und das Judenpatent erlassen worden waren, ist die Verfassung der ersten österreichischen Großloge in ihrer Betonung der Demokratie außergewöhnlich.

Sie beginnt folgendermaßen:

I. Hauptstück, Grundsätze.

I. Die Maurerei in ihrer Verfassung und dem Verhältnisse der Logen gegenüber ist eine **demokratische** Vereinigung und jede Loge eine **Demokratie**. (...)

V. Die **demokratische** Vereinigung im Ganzen mengt sich nicht in die innere Verfassung der einzelnen Theile. (...)

VI. Die gesetzgebende und gesetzvollstreckende Macht des Ordens muss, aus der Natur der **demokratischen** Vereinigung, bei den Logen sein.(...)

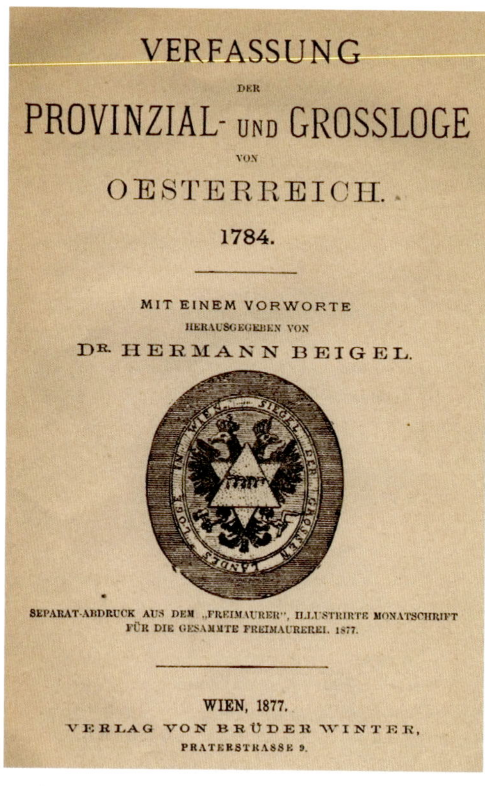

VERFASSUNG
DER
PROVINZIAL- UND GROSSLOGE
VON
OESTERREICH.
1784.

MIT EINEM VORWORTE
HERAUSGEGEBEN VON
DR. HERMANN BEIGEL.

SEPARAT-ABDRUCK AUS DEM „FREIMAURER", ILLUSTRIRTE MONATSCHRIFT FÜR DIE GESAMMTE FREIMAUREREI. 1877.

WIEN, 1877.
VERLAG VON BRÜDER WINTER,
PRATERSTRASSE 9.

Verfassung von 1784

Die Großloge suchte auch um die Anerkennung der englischen Großloge an.

Das Antwortschreiben der englischen Großloge: *Die Großloge von England an die Logen von Österreich und Transsylvanien und an die Maurer die im Orient Wien arbeiten unter dem Titel der Nationalen Großloge*

Gruß, Stärke und Einheit, Geliebte Brüder Mit großem Schmerz haben wir von der Überraschung Kenntnis erhalten, nämlich der Gründung des Orients von Wien, einer nationalen unabhängigen Großloge.

Eure Motive sie einzurichten, und der Beschluss dazu haben einen nachteiligen Effekt erzielt.

Die reguläre Maurerei, zur Glorie der Humanität zum Glück der Menschheit, hat zur Grundlage die Brüderlichkeit. In Verfolgung ihrer hehren Dome im Universum, nähert sie sich dem Menschen, kommt vom Menschen, welche Titel er auch immer trägt, welchen Rang er auch immer hat, egal welche Gesetzte herrschen und welche Rivalität der Nationen. (...)

Die Toleranz die in den österreichischen Staaten eingerichtet wurde, so heißt es in diesem Brief, die Notwendigkeit den verschiedenen Logen dieser Staaten die gleiche Form und die gleiche Richtung zu geben und die verstreuten Strömungen der Maurerei in einem System zu vereinigen, auf einer gleichen Ebene und in einem Zentrum, wo alle Strahlen sich treffen, haben es für euch notwendig gemacht, eine nationale unabhängige Großloge einzurichten. (...)

Durch ihre Anciennität und durch ihren Anspruch, den Schatz der Maurerei im Sinne der königlichen Kunst zu bewahren, (...) hat nur die Großloge von England das alleinige unbestreitbare Recht, das gemeinsame Zentrum zu sein, an dem sich alle Strahlen vereinen. (...)

Die Großloge von England kann daher nicht zulassen, dass Ihr die Geschichte der Maurerei durch einen Akt stört, die ihre Grundlagen erschüttert (...). In Erwartung Eurer Antwort verbleiben wir, geliebte Brüder, ... Eure teuren Brüder

Einschränkung und Verbot

Hatte der deutsche Freimaurer August Siegfried von Goue in seinem Buch »Über das Ganze in der Maurerei« nach einem Wien-Besuch das Wiener Logenwesen oder besser -unwesen mit all den verschiedenen Ausweitungen in obskure Hochgrade in den 1770er Jahren beschrieben, so war es zehn Jahre später um nichts besser geworden. Dies muss auch Joseph II. bekannt gewesen sein, daher erließ er am 11. Dezember 1785 das so genannte »Freimaurer-Patent«:

Seine k.k. Majestät haben in Ansehung der sogenannten Freymaurergesellschaften mittels allerhöchsten Handbillets vom 11. dieses des wörtlichen Inhalts allergnädigst zu erkennen zu geben geruhet: »Da nichts ohne einer gewissen Ordnung und Leitung in einem wohlgeordneten Staate bestehen solle, so finde ich nöthig folgende meine Willensmeinung (...) zur genauen Befolgung mitzugeben.(...) Die sogenannten Freymaurergesellschaften, deren Geheimnisse mir eben so unbewusst sind, als ich deren Gaukeleyen zu erfahren wenig vorwitzig jemals war, vermehren und erstrecken sich jetzo auch schon auf alle kleinsten Städte. (...) Diese Versammlungen, wenn sie sich selbst ganz überlassen und unter keiner Leitung sind, können in Ausschweifungen, die für Religion, Ordnung und Sitten allerdings verderblich seyn können, besonders aber bey Obern durch eine fanatische engere Verknüpfung (...) ganz wohl ausarten, oder doch wenigstens zu einer Geldschmiererey dienen.

Vormals, und in anderen Ländern verbot und bestrafte man die Freymäurer und zerstörte ihre in den Logen abgehaltenen Versammlungen, bloss weil man von ihren Geheimnissen nicht unterrichtet war. Mir, obschon sie mir eben so unbekannt sind, ist genug zu wissen, dass von diesen Freymäurerversammlungen dennoch wirklich einiges Gutes für den Nächsten, für die Armut, und Erziehung schon geleistet worden (...)

Der Hauptinhalt dieser Verordnung ist jedoch die radikale Beschränkung der Logen. In Wien reduziert sich das Logenleben auf zwei Logen mit maximal 300 Brüdern, in den anderen

Hauptstädten der Monarchie darf es nur mehr eine einzige Loge geben, in kleineren Städten überhaupt keine mehr.

In Wien vereinigen sich daraufhin die Logen Wahre Eintracht, Drey Adler, Palmbaum und Heiliger Joseph zur Sammel-Loge »Zur Wahrheit«; die Logen Gekrönte Hoffnung, Drey Feuer und Zur Wohltätigkeit zur Sammel-Loge »Zur Neugekrönten Hoffnung«.

Es ist dies für die Freimaurerei in Wien eine unruhige Zeit, viele Brüder decken (z.B. so hervorragende wie 1786 Born und Sonnenfels), die Logen stellen zeitweise ihre Tätigkeiten ein, es werden kaum noch neue Mitglieder aufgenommen.

Nur rund 50 Jahre nach Gründung der ersten Wiener Loge, am 8. Dezember 1793, überreichen die Stuhlmeister der beiden letzten Wiener Logen, der Logen Zur neugekrönten Hoffnung und Zum heiligen Joseph, eine Denkschrift an Franz II., mit der sie dem Kaiser ihre Selbstauflösung mitteilen. Auch in den Ländern der Monarchie werden nach und nach so gut wie alle Logen eingeschläfert.

Am 9. Juni 1795 erfolgte das Verbot der Freimaurerei durch Franz II. Er ordnet an dass er (…) *keine verbotenen Conventicula, und geheimen Zusammenkünfte (…) dulden werde, worunter auch die Freimaurer-Logen zu verstehen sind, die ich bei gegenwärtigen Umständen beseitiget wissen will, was sie sonst für Namen haben mögen, überall wo sie existieren, eingestellt und von den betreffenden Landeschefs auf die Befolgung dieser Anordnung genau gesehen werde.*

Per aspera ad astra

G∴u∴v∴□ Humanitas i. Or∴ Neudörfl a/L. unter dem Schutze der symbol. Gr∴ L∴ v∴ Ungarn

Latomiae in austria regeneratrix

Wir, der Mst∴ v∴ St∴ und die Beamten erklären hiermit, daß unsere g∴u∴v∴□ in ihrer Arb∴ vom 4. Oktober 1893 ihren

Br∴ Hugo Warmholz

in Anerkennung seiner mr∴rischen Thätigkeit im Allgemeinen, sowie insbesondere in Anbetracht seiner hervorragenden Verdienste um unsere Bauhütte und deren Wohlthätigkeits-Anstalten zum 25. Jahrestage seiner Aufnahme in den Bund zu ihrem

Ehrenmeister

ernannte. Urkund dessen:

1. Aufseher — Mst∴ v∴ St∴ — 2. Aufseher

1. Dep. Mst. — 2. Dep. Mst.

Schriftführer — Redner — Schatz Mst.

Architekt Max Fleischer

Ehrenurkunde für Hugo Warmholz vom 4. Oktober 1893
zum 25. Jahrestag seiner Aufnahme.

Das 19. Jahrhundert

Über 120 Jahre der Dunkelheit in Wien

Es folgen beinahe 80 Jahre freimaurerische Dunkelheit in ganz Österreich, allerdings mit einigen Ausnahmen:

Ein Jahr nach der Kriegserklärung an Österreich besetzten die napoleonischen Truppen am 14. November 1805 Wien, und der französische Kaiser bewohnte für wenige Tage das Schloss Schönbrunn. Nach dem Sieg in Austerlitz nahm Napoleon mit seinem Heer vom 12. bis zum 27. Dezember Quartier in Schönbrunn, am 15. Dezember wurde in Schönbrunn anstelle eines Bündnisses ein Freundschaftsvertrag zwischen Napoleon und Österreich geschlossen und mit einem Konzert im Schlosstheater gefeiert. Nach dem Ende der Friedensverhandlungen in Preßburg am 27. Dezember zog Napoleon ab. Vier Jahre später, am 10. Mai 1809, besetzte Napoleon die Residenzstadt Wien ein zweites Mal und bezog mit seinen Truppen wieder in Schönbrunn Quartier. Bei diesem zweiten Aufenthalt sollen französische Feldlogen Logenarbeiten im Schloss abgehalten haben.

1810 erfolgte die Gründung einer Loge mit dem Namen »**Zu den 3 blauen Himmeln**« in Wien-Hernals; diese so genannte Loge (in einem Polizeibericht auch »Gesellschaft Zur roten Kappe« genannt), deren Mitglieder überwiegend dem Theater angehören, arbeitet in der Sommerresidenz von Ferdinand Graf Pálffy, der zwar »unter freiem Himmel« in seiner Wohnung aufgenommen wird, aber zu keiner Zusammenkunft erscheint. Den Anzeigen zufolge sollen an diesen sogenannten »freimaurerischen« Zusammenkünften auch Tänzerinnen teilgenommen haben. Spätestens 1812 endet dieses sonderbare Treiben.

Beim Wiener Kongress waren seitens der Gäste einige schüchterne Versuche zur Belebung des erstickten freimaurerischen Geistes gemacht worden, und Franzosen und Italiener hatten noch 1817 im Dianabad (da der Badebetrieb im Winter nicht wirtschaftlich zu führen war, fand die Schwimmhalle in dieser Zeit als Ballsaal Verwendung) einige Logenarbeiten abgehalten.

Eine Loge für einen Tag »Zum heiligen Joseph«

Ludwig Lewis, der 1825 in Stettin in die Loge Drei Goldene Anker zur Liebe und Treue aufgenommen worden war, ersucht 1848 die Große Landesloge von Deutschland um die Erlaubnis der Reaktivierung der Wiener Loge **»Zum Heiligen Joseph«**, welche ihm unter der Bedingung der Bewilligung durch die Staatsbehörde erteilt wurde. Ludwig Lewis richtete daraufhin ein *Gesuch zur Wiedereröffnung der Freimaurer-Loge in Wien* an den Minister des Inneren, Freiherrn von Doblhoff, der ihm am 2. September antwortete: *Über Ihr Ansuchen um Bewilligung, dass die bereits früher bestehende und nun wieder in das Leben gerufene Freimaurer-Loge Zum Heiligen Joseph fortbestehen dürfe, habe ich die Ehre Ihnen zu bemerken, dass ich mich bei dem Umfange, in welchem das freie Vereins-Recht allgemein anerkannt wurde, nicht berufen fühle, eine besondere Genehmigung hiezu zu ertheilen, zumal ich von der Voraussetzung ausgehe, dass diese Verbrüderung staatsgefährlichen Zwecken wohl eher entgegenwirken, als dieselben begünstigen werde«.*

Somit kann die Loge »Zum Heiligen Joseph« am 5. Oktober 1848 wieder ihre Arbeit aufnehmen. Allerdings nur für ein einziges Mal, da am 6. Oktober der »Oktoberaufstand« nach der Märzrevolution ausbricht. Kaiser Ferdinand flieht nach Olmütz, der Ausnahmezustand mit dem Verbot jedweder Zusammenkünfte wird ausgerufen.

Oktoberaufstand 1848

Das Logenhaus in Pressburg

Bijou der Loge Zur Verbrüderung

Die Grenzlogen – ein österreichisches Kuriosum

Am Beginn der sogenannten »Grenzlogenzeit« steht der am 15. März 1867 erreichte »österreichisch-ungarische Ausgleich« – die eigentliche Geburtsstunde der österreichisch-ungarischen Monarchie: Österreich unter einem Kaiser, Ungarn unter einem König – beides verkörpert in ein und derselben Person.

Der wirkliche Grund für das Kuriosum der Grenzlogen, dass auf ungarischer Seite freimaurerische rituelle Arbeiten möglich waren, auf österreichischer jedoch nicht, lag in einem kleinen Unterschied des § 118 des Vereinsrechts der beiden Länder: in Österreich musste es einem Vertreter der Behörde möglich sein, jederzeit unangemeldet an jeder Zusammenkunft teilnehmen zu können. Dies machte jede freimaurerische Tätigkeit unmöglich. Im ungarischen Vereinsrecht fehlte jedoch dieser Passus. Wiener mussten also nur über die nahegelegene ungarische Grenze fahren, um dort ihre rituellen Arbeiten durchführen zu können.

Die Loge »Zur Verbrüderung«

So erfolgte Ende Mai 1869 unter dem Schutz der Großloge von Hamburg in Sopron (Ödenburg) die Gründung der deutschsprachigen **Loge »Zur Verbrüderung«**.

Zu diesem Zeitpunkt ist die spätere Großloge von Ungarn noch nicht gegründet und daher kann auch durch diese Gründung das Sprengelrecht nicht verletzt werden. (Die Lichteinbringung erfolgt erst fast ein Jahr später, am 19. März 1870.) Da zunächst zu wenige Brüder zur Verfügung stehen, um zumindest die Positionen der Beamten besetzen zu können, erfolgen Notaufnahmen »unter freiem Himmel« von Suchenden aus Ödenburg, die später von der Großloge von Hamburg sanktioniert werden, weil nur auf diese Weise das Zustandekommen der Loge überhaupt möglich ist. Im Oktober und November finden laut Berichten von Konfidenten Aufnahmen von überwiegend in Wien ansässigen Suchenden statt. Mitte Juni 1869 treffen sich sieben Mitglieder dieser Loge, um über geeignete Wege zu beraten, in Wien einen Sammelpunkt für Freimaurer zu schaffen.

Es erfolgt die Konstituierung eines Gründungskomitees für den nichtpolitischen Verein Humanitas für alle auf Wiener Boden lebenden Brüder der Loge Zur Verbrüderung. Der künftige Verein (dabei übrigens auch je ein Bruder einer italienischen und einer englischen Loge) steht unter der Leitung von Obmann Franz Julius Schneeberger. Dieser reichte bereits am 22. Juli bei der zuständigen niederösterreichischen Statthalterei die Statuten ein, in welchen als Zweck des Vereines bestimmt war: *»Der Verein ›Humanitas‹, mit dem Sitz in Wien, hat den Zweck, unter Ausschließung jedweder Diskussion über kirchliche oder politische Tagesfragen, die echte Humanität zu wahren und werktätig zu fördern.«* Als Vereinssiegel wurde eine allegorische Darstellung der Vindobona und Humanitas, welche sich über Bibel, Winkelmaß und Zirkel als den Symbolen des Glaubens, der Gerechtigkeit und Sittenstrenge, die Hände reichten, angemeldet.

Schon zu Ende des ersten Jahres umfasste der Verein Humanitas über 100 Mitglieder. Am 1. November 1870 bezog die Humanitas ihr eigenes Heim im ersten Bezirk, Singerstraße 11, in welchem Kanzlei und Bibliothek untergebracht waren, wo aber auch die Instruktionsabende aller drei Grade stattfanden. Zum Zwecke ritueller Arbeiten besuchte man jeden zweiten und vierten Sonntag die Loge Zur Verbrüderung in Ödenburg.

Türschild im Haus Dorotheergasse 12

1. Bijou der Loge Humanitas

Die erste Wiener Grenzloge »Humanitas«

Aus den Mitgliedern dieses Vereins entsteht die erste echt österreichische Grenzloge, die **Loge Humanitas**, deren Lichteinbringung am 25. März 1872 bereits durch die Großloge von Ungarn erfolgt.

13 weitere Logen werden bis 1914 gegründet. Aufnahmen, Beförderungen und Erhebungen werden jeweils Samstag und Sonntag in Preßburg durchgeführt.

Es hatten sich bereits seit längerem Auffassungsunterschiede in der Humanitas abgezeichnet, daher findet rund drei Jahre nach ihrer Gründung, am 11. Mai 1874, die Gründungsversammlung der Grenzloge Zukunft statt: Preßburg als Logenort, Wien als »Literarischer Geselligkeitsklub«; Gründungsmitglieder sind acht »liberal-radikale Reformer« aus der Loge Humanitas. Die Mitglieder der neuen Loge wenden sich gegen alle – aus ihrer Sicht – falsch verstandenen Traditionen, für eine Vereinfachung des Rituals, Abschaffung aller Zusammenhänge mit Glauben und Religion, Zutritt für jeden, der die sittlich-ethischen Voraussetzungen erfüllt, strenge Prüfung der maurerischen Geschichte und Literatur sowie die laufende Erörterung wissenschaftlicher Themenkreise.

Fast gleichzeitig, am 24. Mai 1874, findet durch weitere fünf Brüder der Humanitas die Gründung der Grenzloge Sokrates in Preßburg (in Wien Verein Einigkeit) statt, aus der sich wiederum etwas mehr als zwei Jahre später die nur bis 1896 bestehende Grenzloge Columbus zum Weltmeer abspaltet.

Nachdem bereits seit Anfang 1871 die Grenzloge Humanitas eine eigene Zeitschrift »Der Zirkel« herausgegeben hat, erscheint ab Mitte 1874 als »Gegenzeitung« die von der Grenzloge Zukunft herausgegebene »Allgemeine österreichische Freimaurer-Zeitung«, was zu einem monatelang bis ins Persönliche gehenden »Pressekrieg« und sogar zu Anklagen bei der Großloge von Ungarn führen sollte. Übrigens, sowohl der Zirkel, als auch die Allgemeine österreichische Freimaurer-Zeitung sind in Wien an Kiosken käuflich für jedermann erwerbbar.

I. Jahrgang. Manuscript für Brr. Nr. 1.

Der Zirkel.

Man abonnirt auf den „Zirkel" und die „Humanitas" in Wien per Adr. Sigmund Schlesinger, Landstrasse, Matthäusgasse Nr. 6.

Preis sammt Zustellung für das In- und Ausland für die wöchentlich erscheinende „Humanitas" sammt „Zirkel" mit jährlich 6 fl. = 4 Rthlr.

Ausgegeben am 1. Januar 1871.

Eigenthümer:
F. J. Schneeberger, Sigmund Schlesinger, Rudolf Scherer.

Verantwortlicher Redakteur:
Josef Paul von Király.

Anfang 1875 gründen die in Wr. Neustadt ansässigen Mitglieder der Grenzloge Humanitas in Preßburg die Grenzloge Eintracht.

Im Herbst desselben Jahres gründen zehn Brüder, alle Mitglieder des schottischen Ritus, die Grenzloge Schiller, deren Mitglieder rote Schurze statt der sonst üblichen blauen tragen.

Wir zeigen Ihnen hiermit an, dass Ihre Aufnahme in den Bund der Freim. am 10. April d.J. in Pressburg stattfinden wird. Wollen Sie sich daher an diesem Tage um 7.30 früh auf dem Wien. Staatsbahnhofe einfinden, eine Karte II. Kl. nach Pressb. lösen und in den Restaurationssaal II begeben. Dort sollen Sie sich einem Herrn, der durch eine rote Nelke im Knopfloch kenntlich sein wird, bis zu Ihrer Ankunft am Ziele anvertrauen. Gespräche mit Bekannten wollen Sie möglichst vermeiden. Belieben sie in Salontoilette (Frack) mit weißer Krawatte zu erscheinen.

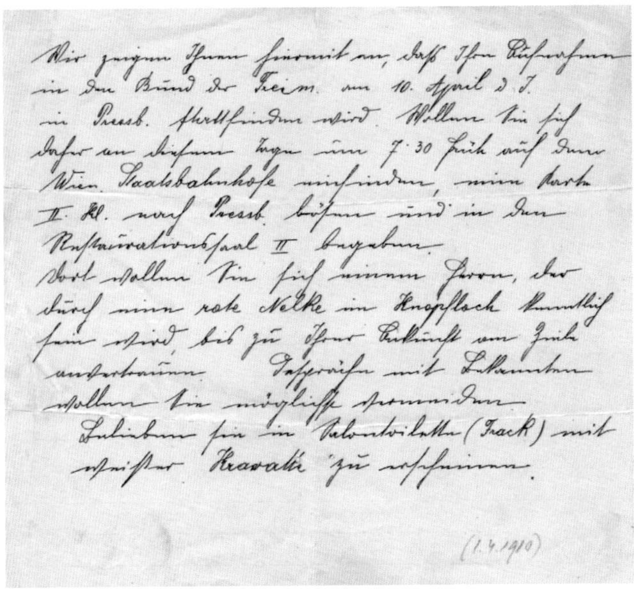

Wir zeigen Ihnen hiermit an, dass Ihre Aufnahme
in den Bund der Freim. am 10. April d. J.
in Pressb. stattfinden wird. Wollen Sie sich
daher an diesem Tage um 7·30 früh auf dem
Wien. Staatsbahnhofe einfinden, eine Karte
II. Kl. nach Pressb. lösen und in den
Restaurationssaal II begeben.
Dort sollen Sie sich einem Herrn, der
durch eine rote Nelke im Knopfloch kenntlich
sein wird, bis zu Ihrer Ankunft am Ziele
anvertrauen. Gespräche mit Bekannten
wollen Sie möglichst vermeiden.
Belieben sie in Salontoilette (Frack) mit
weißer Krawatte zu erscheinen.

(1.4.1910)

Handzettel an einen Suchenden aus dem Jahr 1910
für die Aufnahme in eine Grenzloge

OR. PRESSBURG.

Montag, den 4. April 1910:

„EINTRACHT"

Die Arb. entfällt.

Montag, den 11. April 1910:

Präz. ½8 Uhr: Beamten-Konferenz.
» 8 » Allgemeine Konferenz.
a) Verlesung der Einläufe.
b) Vortrag Karl Theodor:
»Die Masonei während der Schreckenszeit.«

„FREUNDSCHAFT"

Die Arb. entfällt.

Montag, den 11. April 1910:

7 Uhr: Vorstandssitzung.
8 » Verstärkte Vorstandssitzung.
Rezitationsvortrag des Br. Konrad Loewe:
»Antike und moderne Liedersänger.«
(Auslese lyrischer Perlen der Weltliteratur.)

Dienstag, den 5. April 1910:

„BILDUNG"

½8 Uhr: Vorstandssitzung.
8 » Verstärkte Konferenz.
» Ballotage.

Samstag, den 9. April 1910:

½8 Uhr abends: Rit. Arb. III. Gr. in Preßburg.

Sonntag, den 10. April 1910:

Präz. ½11 Uhr vorm.: Rezeptions-Arb. in Preßburg.

„GOETHE"

½8 Uhr: Vorstandssitzung.
8 » Vortrag des Br. Töpfer:
»Die Gegner der Naturwissenschaft.«

Mittwoch, den 6. April 1910:

„HUMANITAS"

Präz. ½7 Uhr: Engere Vorstandssitzung.
» 8 » Verstärkte Vorstandssitzung.
Administrative Arb.:
1. Einläufe.
2. Ballotagen.
3. Anmeldung eines Affiliationsgesuches, und event. eines Suchenden.
4. Arb. II. Gr.
Beschlußfassung über die Anträge des I. Aufsehers betreffs Beförderungen.

„KOSMOS"

Präz. 8 Uhr: Arb. II. Gr.
Ballotagen.
» ½9 » Arb. I. Gr.
Verlesung der Einläufe.
Ballotagen.
Vortrag Br. Kallberg:
»Ueber die Fortschritte der Kremation.«
Delegiertenwahl zur Großversammlung.
Rundfrage.

»Arbeitstafel« vom April 1910, wo das Datum der Aufnahme »Rezeptions- Arbeit« zu dem Handzettel ersichtlich ist

Das Prinzip der Logengründung ist immer dasselbe: Mitglieder einer oder mehrerer Logen beschließen eine neue Loge zu gründen. Nach der Bewilligung durch die ungarische Großloge wird das Licht in die Loge eingebracht und gleichzeitig der profane Verein in Wien gegründet, wobei Logen- und Vereinsname nicht immer identisch waren; z.B. Loge Schiller – Verein Bildung.

Im Mai 1883 gründen in Simmering wohnende Brüder die Grenzloge Concordia, an deren Spitze der Süßwarenfabrikant Viktor Schmidt steht und die sich besonders die Wohltätigkeit für Menschen in ihrem Bezirk auf die Fahnen schreibt. Die Loge besteht aber nur sechs Jahre und kehrt danach wieder in den Schoß ihrer Mutterloge Humanitas zurück, da man erkannt hat, große wohltätige Ziele, wie z. B. ein Kinderasyl in Simmering, nur in einem größeren Verbund realisieren zu können.

Anfang 1877 erfolgt die Lichteinbringung in die Grenzloge Freundschaft, die sich aus einem lange vorher gegründeten freimaurerischen Kränzchen aus in Wien ansässigen ungarischen und deutschen Freimaurern gebildet hat.

1888 folgt die Gründung der Grenzloge Treue.

1892 entsteht – durch elf mit einer Wahl unzufriedene Brüder aus der Grenzloge Sokrates – die Grenzloge Goethe. Ebenfalls aus der Grenzloge Sokrates wird sich 1907 auch die Grenzloge Kosmos bilden.

1897 gründen Mitglieder aus mehreren Logen die Grenzloge Lessing zu den 3 Ringen; bereits zwei Jahre später droht die Loge an zwei Strömungen zu zerbrechen: einerseits die Art der freimaurerischen Arbeit und andererseits Wohltätigkeit. Nachdem ein entsprechender Konsens gefunden wird, ist es jene Loge, die erstmals auch Profane zu einzelnen Vorträgen einlädt und nicht nur das, auch Schwestern sind gelegentlich geladen und werden nach der rituellen Eröffnung in den Tempel eingelassen.

1898 entsteht aus der Grenzloge Humanitas die Grenzloge Pionier, die als schottische Loge wie die Grenzloge Schiller mit roten statt blauen Schurzen arbeitet; als Aufgabe sieht die Loge »in tatkräftiger Arbeit Licht und Aufklärung in den breiten

Massen des Volkes zu verbreiten, soziale Reformen anzuregen und zu propagieren«.

Im Vereinshaus im ersten Wiener Bezirk, in der Dorotheergasse 12, eröffnet am 10. Oktober 1900 die Grenzloge Humanitas einen neuen Tempel, wobei die Grenzloge Eintracht den wesentlichen Teil der Einrichtungsgegenstände gespendet hat. Daneben gibt es acht weitere Adressen, an denen die humanitären Vereine der Grenzlogen ihren Sitz haben.

1913 entsteht aus Differenzen die Grenzloge Gleichheit, nachdem es in der Eintracht hinsichtlich der Aufnahme weiterer jüdischer Brüder zu Unstimmigkeiten gekommen ist. Im selben Jahr entsteht auch die Grenzloge Zur Wahrheit: 33 Brr. decken in der Grenzloge Treue, um diese Loge zu gründen.

Als letzte der Grenzlogen erfolgt während des Ersten Weltkrieges die Gründung der Grenzloge Fortschritt durch Brüder der Grenzloge Kosmos, die unter Führung des amtierenden Stuhlmeisters der Kosmos wegen Differenzen ausgeschieden sind; die Lichteinbringung sollte jedoch erst 1920 erfolgen.

Insgesamt werden also im Laufe von etwa 50 Jahren 16 Grenzlogen gegründet, von denen 14 im Jahr 1918 die Großloge von Wien gründen.

Aber noch in der Zeit der Monarchie gab es in Wien Bestrebungen, eine Großloge zu errichten. So wurde 1905 der Versuch einiger Grenzlogenbrüder, in Wien die Großloge Austria zu gründen, gerichtlich abgelehnt, und im Jahre 1912 gab es Überlegungen, sich unter den Schutz der Bayreuther Großloge »Zur Sonne« zu stellen.

Logenstammbaum von 1872 bis 1938 →

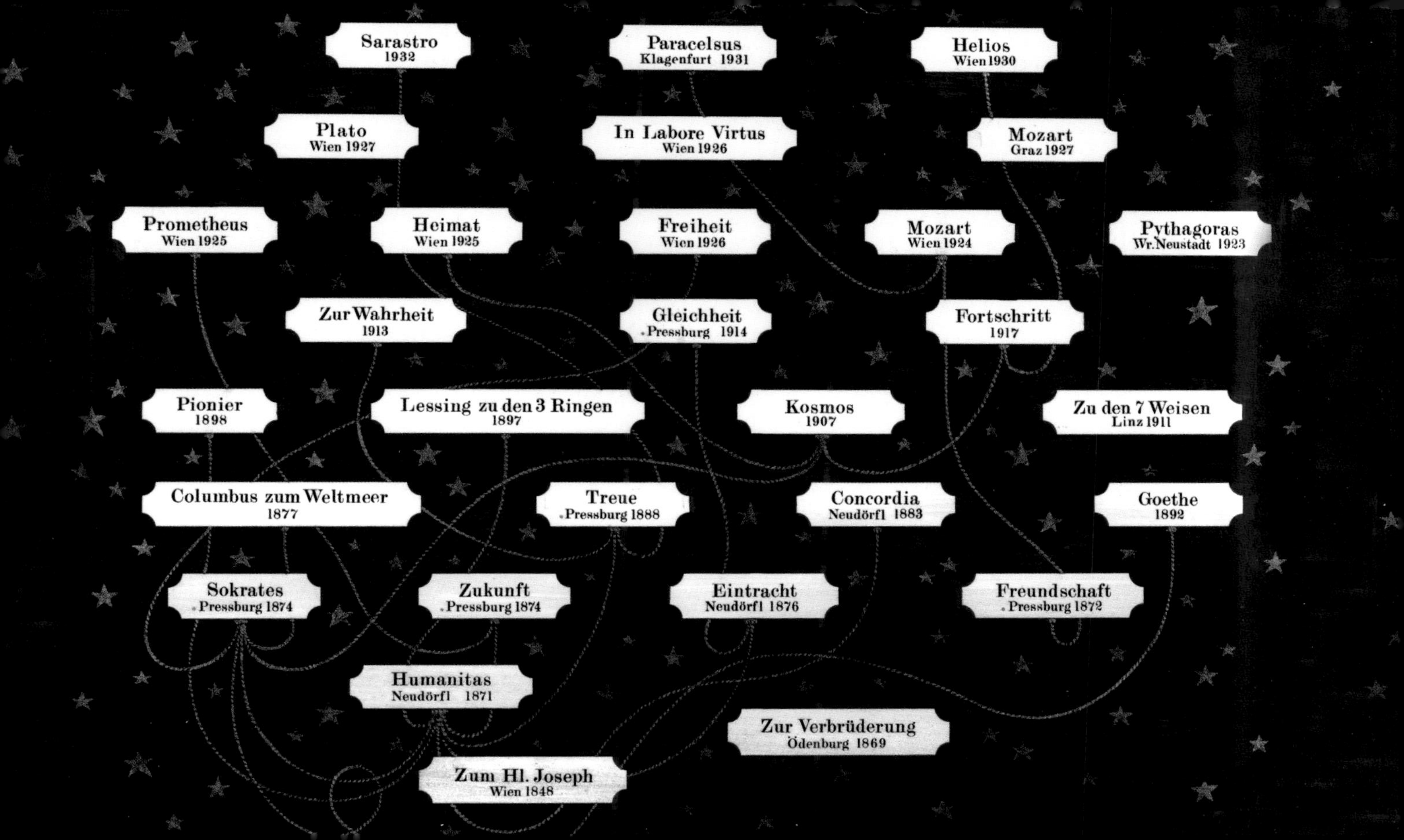

Sarastro
1932

Paracelsus
Klagenfurt 1931

Helios
Wien 1930

Plato
Wien 1927

In Labore Virtus
Wien 1926

Mozart
Graz 1927

Prometheus
Wien 1925

Heimat
Wien 1925

Freiheit
Wien 1926

Mozart
Wien 1924

Pythagoras
Wr. Neustadt 1923

Zur Wahrheit
1913

Gleichheit
Pressburg 1914

Fortschritt
1917

Pionier
1898

Lessing zu den 3 Ringen
1897

Kosmos
1907

Zu den 7 Weisen
Linz 1911

Columbus zum Weltmeer
1877

Treue
Pressburg 1888

Concordia
Neudörfl 1883

Goethe
1892

Sokrates
Pressburg 1874

Zukunft
Pressburg 1874

Eintracht
Neudörfl 1876

Freundschaft
Pressburg 1872

Humanitas
Neudörfl 1871

Zur Verbrüderung
Ödenburg 1869

Zum Hl. Joseph
Wien 1848

Die Bijoux der Grenzlogenzeit

Humanitas

Zukunft

Eintracht

Socrates

Lessing zu den 3 Ringen

Kosmos

Schiller

Columbus zum Weltmeer 1

Columbus zum Weltmeer 2

Concordia

Freundschaft

Zur Wahrheit

Goethe

Fortschritt

Josef Hoffmann, der berühmte Wiener Architekt und Designer und einer der Hauptvertreter der Wiener Werkstätte, war zwar nie Freimaurer, hat aber das Bijou und auch den Meisterhammer der Wiener Loge Treue entworfen

Bijou der Loge Treue, Entworfen von Josef Hoffmann

Das 20. Jahrhundert

Ende des Ersten Weltkriegs und Gründung der Großloge von Wien

Am 5. November 1918 richteten die Stuhlmeister aller 14 Grenzlogen folgende Zuschrift an die Symbolische Großloge von Ungarn: *»Die in den Ländern diesseits der Leitha geänderte politische Lage setzt die unter dem Schutze der Symbolischen Großloge von Ungarn stehenden Grenzlogen in den Stand, an die Gründung einer eigenen Großloge für Deutschösterreich zu schreiten. Die vorbereitenden Schritte sind bereits unternommen. Dadurch sind die an die Symbolische Großloge von Ungarn gelangten Kundgebungen gegen einzelne Bestimmungen der geplanten Konstitutionsänderungen gegenstandslos geworden. Die Grenzlogen anerkennen mit tiefem, unauslöschlichem Dank die Förderung des Logenlebens hierlands durch die Ungarische Großloge, und die Festtage ihrer rituellen Arbeiten in Neudörfl, in Sopron und Pozsony, wie der Teilnahme an den Großversammlungen in Budapest werden ihnen unvergesslich bleiben. (...) Die Grenzlogen sprechen nunmehr durch ihre Stuhlmeister der Symbolischen Großloge von Ungarn tief gefühlten brüderlichen Dank aus für deren Schutz und bitten um Fortdauer desselben bis zu dem Tage, an welchem aus der ersten konstituierenden Großversammlung in Wien die neue Großloge für Deutschösterreich hervorgehen wird.«*

Die Symbolische Großloge von Ungarn antwortete darauf unter Z.3084:

»Budapest, 14. November 1918

Wir bestätigen den Empfang der brüderlichen Tafel der 14 bisher unter dem Schutze der Symbolischen Großloge von Ungarn im Orient Pozsony arbeitenden so genannten Grenzlogen und erlauben uns darauf Folgendes zu erwidern: Unser Bundesrat hat sich bereits am 02. diesen Monats mit der Möglichkeit beschäftigt, dass sich unsere Grenzlogen unter dem Einfluss der geänderten politischen Verhältnisse zu einer selbständigen Großlogen konstituieren. Der Bundesrat hat beschlossen, dass er es mit der größten Freude begrüßt, wenn sich die erwähnten Logen zu einer selbständigen Großloge verbinden und die Arbeit fortsetzen, die sie als Bestandteile der Symbolischen Großloge von Ungarn jahrzehntelang verrichteten. Der Bundesrat hat auch beschlossen, die durch unsere Grenzlogen zu gründende Großloge mit aufrichtiger und wärmster brüderlicher Liebe zu unterstützen und ihr hingebungsvoller und liebender Helfer zu sein in ihrer großen Arbeit der Nächstenliebe, der Aufklärung und der Ausbreitung der Menschenrechte. Es wird uns zwar schmerzlich berühren, wenn wir in unseren Großversammlungen die lieben Gestalten Ihrer Delegierten, die warme Bekundung Ihrer brüderlichen Liebe entbehren werden, aber es tröstet und beruhigt uns das Bewusstsein, dass Sie, geliebte Brüder, zu einer eigenen freien Großbehörde werden, und wir bleiben in dem Glauben und in der vollsten Überzeugung, dass das liebevolle brüderliche Verhältnis, das bisher zwischen uns bestanden hat, auch unter den geänderten Verhältnissen weiter bestehen wird und dass Ihre fernere Wirksamkeit gemeinsam mit der unserigen dem Wohle der Menschheit gewidmet sein wird.

Mit … usw.

Dr. Koloman Bankonyi
Zug. Großmeister

Prof. Dr. Bokay
Großmeister

Wilhelm Murai
Zugeordneter Großschriftführer

Nach Erledigung der umfangreichen Vorarbeiten fand am 20. November 1918 unter Vorsitz des Obmannes des Gründungsausschusses der zu gründenden österreichischen Großloge Dr. Adolf Kapralik und bei starker Beteiligung der Wiener Brüder die erste rituelle Arbeit auf Wiener Boden statt. Aus dem Protokoll dieser denkwürdigen Arbeit:

»Der Vorsitzende eröffnet die Arbeit und führt aus, dass sich das düstere Gewölk zu zerteilen beginnt und wir im Sonnenstrahl der Freiheit die äußeren Zeichen des Bundes auch hier haben hervorholen können, die wir bisher nur auf ungarischem Boden haben anlegen dürfen. Wir begehen heute ein Fest, wenn auch die große Not noch nicht zu Ende ist, aber der in der Menschheit schlummernde Drang nach Wahrheit, Schönheit und nach dem Guten wird und muss sich wieder durchdringen. Die Freimaurerei kann nicht mit der Vergangenheit brechen, und diese drei Ideale die im tiefen Altertum schon geschlummert haben, freilich von Nebel verdeckt, sie sind von der Freimaurerei gefunden und verknüpft worden, freimaurerische Herzen und freimaurerischer Geist haben an ihrem Fortbestehen gewirkt und die Freimaurerei wird sie wieder zur Blüte bringen.«

Nach anschließender lebhafter Debatte wurde mit über 300 gegen eine Stimme beschlossen, unverzüglich an die geplante Großlogengründung zu schreiten.

Am 8. Dezember 1918 vereinigte abermals eine Großversammlung alle Brüder der Wiener Kette zur rituellen Arbeit unter dem Vorsitz Dr. Kapraliks. Nach kurzem Bericht über die bisherigen Vorarbeiten des Gründungsausschusses stellte der Vorsitzende im Namen desselben den Antrag: *»Die bisher bestehenden 14 Wiener Grenzlogen gründen eine Großloge unter dem Namen Großloge von Wien«.*

Der Antrag wurde einstimmig angenommen, worauf der Vorsitzende feierlich die vollzogene provisorische Gründung der Großloge von Wien verkündete und dieselbe in freimaurerischer Weise begrüßt wurde.

Am 2. Jänner 1919 vereinigten sich 448 Brüder zu einer gemeinsamen Arbeit, bei welcher der Deputierte Großmeister Carl Ornstein mitteilen konnte, dass das Staatsamt des Inneren mit Erlass vom 23. Dezember 1918 die Bildung des Vereines »Großloge von Wien« zur Kenntnis genommen habe, womit die offizielle Anerkennung der Freimaurerei in Deutschösterreich ausgesprochen war.

Die Symbolische Großloge von Ungarn teilt am 7. Jänner 1919 mit, der Bundesrat habe am 27. Dezember beschlossen, in der für 25. Jänner einberufenen Großversammlung vorzuschlagen, der Großloge von Wien die endgültige Arbeitserlaubnis zu erteilen und die Lichteinbringung zu vollziehen. (Zu einer rituellen Lichteinbringung durch die Symbolische Großloge von Ungarn sollte es jedoch nicht mehr kommen, da ab 23. März in Ungarn die Freimaurerei verboten war; daher fand die offizielle Konstituierung der Großloge von Wien schließlich am 31. Mai statt.)

Blütezeit bis 1933

Die Zeit von 1919 bis 1933 ist eine der Blütezeiten der Wiener bzw. österreichischen Freimaurerei. Die Anzahl der Mitglieder stieg stetig, neun weitere Logen wurden gegründet. Waren es im Jahr der Gründung 1919 1.044 Mitglieder, so stieg die Mitgliederzahl 1932 auf über 1900 in insgesamt 23 Logen in Wien.

Tempel in der Dorotheergasse

Der große Tempel in der Dorotheergasse

1928 feiert die Großloge von Wien ihr zehnjähriges Jubiläum. Für die Festschrift wird eine Übersichtsliste der freimaurerischen Einrichtungen von Bruder Georg Schmidl erstellt:

1) Verein gegen Bettelei
2) Landesverein, Armenwesen
3) Elisabeth-Volksakademie
4) Abendkursen in Fabriken
5) Verein für Mutter- und Säuglingsschutz
6) Dienstbotenheim
7) Gratislektüre für das Volk
8) Patronage für jugendliche Verbrecher
9) Landesfrauenschutzverein …
10) Landeswanderbibliotheken
11) Haushaltungsschulen
12) Antialkoholverein
13) Heim, hilfsbedürftige, mittellose Kranke
14) Landeswohltätigkeitsverein
15) Volksbureau (Ratschläge jur.)
16) Ferienkolonien
17) Asyl für Obdachlose
18) Gratisbrot
19) Kindertage
20) Krankenpflegeverein
21) Mittagstisch, Techniker
22) Zeitungssammelkasten für Spitäler
23) Bibliotheken, Spitäler
24) Verteilung von Säuglingsmilch
25) Prämienverteilung an stillende Mütter
26) Arbeitergärten
27) Freidenkerklub
28) Verteidigung jugendlicher Verbrecher vor Gericht (…)

Insgesamt sind auf dieser Liste 77 Einrichtungen aufgezählt, die von den Logen bzw. der Großloge gegründet, gefördert oder unterstützt wurden.

frm. Einrichtungen: Bz. Georg Schmidt

1.) Verein gegen Bettelei
2.) Landesverein f. Armenwesen.
3.) Elisabeth-Volksakademie
4.) Abendkursen in Fabriken
5.) Verein für Mutter- u. Säuglingsschutz
6.) Dienstbotenheim
7.) Gratislektüre für das Volk
8.) Patronage für jugendliche Verbrecher
9.) Landesfrauenschutzverein
10.) Landeswanderbibliotheken.
11.) Haushaltungsschulen.
12.) Antialkoholverein
13.) Verein f. hilfsbedürftige, mittellose Kranke
14.) Landessittlichkeitsverein
15.) Volksbureau ([illegible])
16.) Ferienkolonien
17.) Asyl für Obdachlose
18.) Gratisbrot
19.) Kindertage ([illegible])
20.) Krankenpflegeverein
21.) Mittagstisch / Techniker.
22.) Zeitungssammelkasten f. Spitäler
23.) Bibliotheken, Spitäler
24.) Verteilung v. Säuglingsmitteln.
25.) Prämienverteilung an stillende Mütter.
26.) Arbeitergärten.
27.) Freidenkerklub
28.) Verteidigung jug. Verbrecher vor Gericht.
29.) Wöchnerinnenheim
30.) Verein „Heimat" (schulentl. Mädchen)
31.) Kinderheime
32.) Kindergärten
33.) Armenhäuser
34.) Arbeitergymnasium
35.) Gemeindesparkassen ([illegible])
36.) Lebensmittelgenossenschaften.
37.) Landesverband für Literatur u. Kunst
38.) Massregeln [illegible] Pornographie
39.) Jugendzeitschriften.
40.) Verein zur Verbesserung d. Lage des Proletarierten
41.) Verband für Säuglingspflege.
42.) Ferienwanderungen armer Schüler
43.) Unterstützungsverein armer Universitätsstudenten.
44.) Volksämter
45.) Allg. Frauenverein

46.) Volksküchen
47.) Freidenkerverein f. Jugend.
48.) Taubstummenanstalt.
49.) Landesliga für Religionsgleichheit
50.) [illegible] ([illegible])
51.) Soziologische Gesellschaft.
52.) Verein für verkrüppelte Kinder
53.) Stipendien für Industrieschüler
54.) Weihnachtsbescherungen für arme Kinder.
55.) Unterricht für Analphabeten d. Soldaten
56.) Geld- u. Holzverteilung.
57.) Knabenbürgerschule
58.) Unterstützung armer Schüler.
59.) Unterricht Erwachsener
60.) Internate
61.) Verein zur Verbreitung der Menschenrechte
62.) Antiduell Liga
63.) Institut verarmter Väter
64.) Studentenheim
65.) Landesverein f. [illegible]
66.) Mensa academica
67.) Urania
68.) Teestube
69.) Freies Lyzeum
70.) Museum verschl.
71.) Liga gegen Tuberkulose
72.) Guttempler Orden
73.) Gew. Unterricht
74.) Calvin Denkmal
75 (Volksheim [illegible])
76 Freie Schule
77 Freistudenten
~~78 [illegible]~~
~~[illegible]~~
Lesezimmer

Friedensbewegung – Menschenrechte – Sozialer Friede – Europagedanke

Alfred Hermann Fried (1864–1921) wurde 1908 in die Grenzloge Sokrates aufgenommen. Er war ein enger Mitarbeiter von Bertha von Suttner. Bereits 1892 hatte er in Berlin die deutsche Friedensgesellschaft gegründet und seit 1898 in Wien die »Friedenswarte« herausgegeben. Fried kämpfte für die Schaffung einer internationalen Friedensorganisation. 1911 erhielt er für sein Wirken den Friedensnobelpreis. Nach dem ersten Weltkrieg wurde er Präsident der österreichischen Friedensgesellschaft. In seiner Loge Sokrates war Alfred Hermann Fried 1914 deputierter Meister (noch in der Grenzlogenzeit). Als einer der wesentlichen Ideengeber der österreichischen Freimaurerei gestaltete er durch seine pazifistische Einstellung deren geistige Grundhaltung nach dem ersten Weltkrieg. *»Er war einer jener seltenen Menschen, die ihr ganzes Leben unter Hintansetzung des eigenen Wohlergehens einer Menschheitsidee, der des ›Tempels der allgemeinen Menschenliebe‹, gewidmet haben. Der freimaurerische Glaube, dass der Mensch im Grunde gut sei, dass Menschsein auch Brudersein bedeutet und es also gelingen müsse, Konflikte zwischen verschiedenen Völkern anders als mit Gewalt zu lösen, war in Fried zutiefst verwurzelt«.* (Hans Bankl).

Alfred Hermann Fried

Ehren-Urnengrab, Zentralfriedhof

1908, im gleichen Jahr wie Fried, wird **Ferdinand Hanusch** (1866–1923) in die Grenzloge »Lessing zu den drei Ringen« aufgenommen. Er war in seiner Loge Stuhlmeister und Funktionär in der Großloge von Wien. Schon mit 25 Jahren engagierte sich Hanusch aktiv in der Arbeiterbewegung. 1897 war er Gewerkschafts- und Parteisekretär in Sternberg geworden, damals ein Textilindustriezentrum in Nordmähren. Nachdem er 1903 nach Wien geholt und dort zu einem der Vorsitzenden der Reichskommission der Freien Gewerkschaften gewählt worden war, wurde er 1907 als Sozialdemokrat mit 41 Jahren Abgeordneter zum Reichsrat.

Nach den Wahlen im Februar 1919, aus denen die Sozialdemokraten als stärkste Partei hervorgingen, bildete Karl Renner mit den Christlich-Sozialen eine Regierung und ernannte Ferdinand Hanusch zum Staatssekretär (ab 1920 Minister) für soziale Fürsorge. Mit seinem Wirken sind viele soziale Errungenschaften und Regelungen zum Schutz der Interessen der Arbeitenden verbunden. Ferdinand Hanusch hat als erster Sozialminister der Ersten Republik ein sehr fortschrittliches Sozialsystem geschaffen. Unter seiner Ministerschaft kamen z. B.

das Achtstundentags-Gesetz, das Urlaubs- und Arbeitslosenversicherungsgesetz sowie das Betriebsrätegesetz mit seinen Mitbestimmungsregeln zustande. Beschlossen wurde 1920 auch das Gesetz über die Schaffung der Arbeiterkammer, deren erster Direktor von 1920 bis 1923 Hanusch war.

Der Loge Lessing zu den drei Ringen gehörten neben Ferdinand Hanusch später auch der Mediziner und Sozialreformer **Dr. Julius Tandler** (1869–1936) sowie der Industrielle **Josef Trebitsch** (1865–1932) an. Bürge von Julius Tandler ist übrigens Ferdinand Hanusch gewesen.

Ferdinand Hanusch

Julius Tandler war Universitätsprofessor für Anatomie und Dekan der Universität. Er hatte 1920 nach seinem Ausscheiden aus der Koalitionsregierung in Wien als Stadtrat fürs Gesundheitswesen das Wiener Sozialmedizinsystem aufgebaut. Wie Julius Tandler bekleideten auch Ferdinand Hanusch und Josef Trebitsch während der Gründungsphase der Ersten Republik wichtige politische Funktionen. Der Industrielle Trebitsch, in dessen Betrieb Nähmaschinenbestandteile hergestellt wurden, wurde Vizepräsident der Arbeitgebervertretung, konkret des von ihm mitbegründeten Hauptverbandes der Österreichischen Industrie. Später war er Direktor der Wiener Industriellenvereinigung. Hanusch und Trebitsch strebten als Konsenspolitiker, die verschiedenen politischen Lagern angehörten, nach Kompromissen und suchten Lösungen, die einen Ausgleich der gegensätzlichen Interessen ermöglichten. So praktizierten Hanusch und Trebitsch damals bereits das, was man später in der Zweiten Republik »Sozialpartnerschaft« nannte.

Julius Tandler

Richard Nikolaus Coudenhove-Kalergi (1894–1972) In Tokio geboren übersiedelte seine Familie mit ihm im Alter von einem Jahr nach Ostböhmen und später nach Wien, wo er das Theresianum besuchte. 1916 promovierte er zum Doktor der Philosophie. Nach dem Ende der österreichisch-ungarischen Monarchie nahm er zuerst die tschechoslowakische und später die französische Staatsbürgerschaft an. Der Erste Weltkrieg brachte Coudenhove-Kalergi zur Politik: *»Den ersten Weltkrieg empfand ich als Bürgerkrieg zwischen Europäern: als Katastrophe erster Ordnung.«*

Er entwickelte die visionäre Idee von »Pan-Europa«, die zum Thema seines Lebens wurde. Sein Vorschlag, ein Pan-Europa zu schaffen, erregte 1922, als Coudenhove-Kalergi gerade 28 Jahre alt war, internationales Aufsehen. 1923 schrieb er auf Schloss Würting in Oberösterreich sein programmatisches Buch »Pan-Europa«, und 1924 gründete Coudenhove-Kalergi die Paneuropa-Union, die älteste europäische Einigungsbewegung

Coudenhove-Kalergi

Coudenhove-Kalergi wird am 25. Jänner 1922 in die Loge Humanitas aufgenommen, die ihn in seiner pazifistischen Bewegung für ein besseres Verständnis zwischen den Völkern Europas unterstützt. Er verlässt jedoch die Freimaurerei 1926. In seiner Biographie »Ein Leben für Europa« begründet er diesen Entschluss: *»Eine Zeitlang dachte ich daran, den Freimaurer-Orden für die Paneuropa-Idee zu gewinnen. Durch ihn hätte ich mit einem Schlag eine mächtige und reiche internationale Organisation für unsere Idee mobilisieren können. Bald aber musste ich, nach Besprechungen mit führenden Freimaurern in Europa und Amerika, einsehen, dass die Freimaurer der Paneuropa-Idee zwar viel*

Sympathie entgegenbrachten, sie jedoch genauso wie alle führenden und verantwortlichen Persönlichkeiten für eine Utopie hielten. Dies bestimmte mich, in aller Freundschaft meine Beziehungen zum Freimaurer-Orden schon 1926 abzubrechen, da dessen platonisches Interesse für Paneuropa die Bewegung mehr belastet als gefördert hätte.«

Freimaurerei im Ständestaat

Bundeskanzler Dollfuß regierte nach der Ausschaltung des Parlaments März 1933 auf der Basis des Kriegswirtschaftlichen Ermächtigungsgesetzes aus dem Ersten Weltkrieg, das ihm außerordentliche Vollmachten verlieh. Er legte den Verfassungsgerichtshof lahm und konnte seine Diktatur in den Februarkämpfen 1934 durch die völlige Ausschaltung der Sozialdemokratie festigen. Als Parteiersatz wurde eine Vaterländische Front geschaffen, in der bis 1936 alle Parteien, die nicht verboten worden waren, zusammengefasst wurden – danach wurde jedwede politische Opposition verboten. Dem Regime standen Sozialdemokraten, Kommunisten, Liberale und Nationalsozialisten feindlich gegenüber.

Für die Wiener Freimaurer war damit die gute Zeit, die nach dem Ersten Weltkrieg begonnen hatte, wieder zu Ende. Zwar wurden sie von Dollfuß im Gegensatz zu den allermeisten anderen Diktaturen des 20. Jahrhunderts nicht verboten, er stellte sie aber unter Kuratel. Staatsbeamte mussten sich zwischen ihrem Arbeitsplatz und der Mitgliedschaft entscheiden. Polizeibeamte konnten zu den Versammlungen und Arbeiten kommen. Logenarbeit wurde schwierig bis unmöglich.

Wladimir Misar, der Großsekretär der Großloge, berichtet über diese Zeit und die Auswirkungen auf die österreichische Freimaurerei:

»Der Anfang vom Ende.

Es ist nicht erstaunlich, dass unter allen demokratischen und liberal gesinnten Vereinigungen die Freimaurerei die erste war, welche Einschränkungen und Leiden zu erdulden hatte. Der Beginn dieses letzten Zeitabschnittes kann auf den 24. März 1934 angesetzt werden, an welchem Tage ein für die Freimaurerei freier Nationen unerhörtes Ereignis eintrat: Ein Polizeibeamter erschien vor Eröffnung der Jahresversammlung der Großloge und blieb anwesend während ihres Verlaufes. Die Anwesenden unterließen es natürlich, sich maurerisch zu bekleiden und die Versammlung vollzog sich wie die irgendeines profanen Vereines.

Seit diesem Tage kamen Polizeibeamte zu fast allen maurerischen Versammlungen. Die Großloge von Wien hatte den Hauptsitz in der Dorotheergasse 12, aber auch an zwei anderen Adressen waren Räumlichkeiten angemietet. An allen drei Orten fanden Wochentags Versammlungen verschiedener Logen statt und auf diese Weise waren regelmäßig zwei oder drei Polizeibeamte zur gleichen Zeit anwesend. Sehr oft warteten sie auch noch außerhalb des Speisesaales, bis das Brudermahl vorüber war und alle Teilnehmer das Haus verlassen hatten. Es ist nicht verwunderlich, dass unter solchen Umständen die Zahl der Teilnehmer an den Versammlungen sehr schnell abzunehmen begann und die Logen selbst es vorzogen, auf solche Zusammenkünfte ohne rituelle Arbeiten und unter polizeilicher Kontrolle zu verzichten.«

Nach all dem wird es umso überraschender erscheinen, dass diese anscheinend letzten Tage der österreichischen Freimaurerei noch nicht ganz die allerletzten waren. Die Verhältnisse besserten sich wieder und nach einigen Monaten konnten wieder reguläre Arbeiten mit Verwendung des Rituals, Aufnahmen und Graderteilungen etc. in gewohnter Weise stattfinden. Natürlich fühlte man während der folgenden drei Jahre das Damoklesschwert knapp über dem Haupt der Freimaurerei hängen, denn sie waren Jahre der geheimen und energischen Untergrundarbeiten der Nationalsozialisten sowie auch der verzweifelten Anstrengung der römisch-katholischen Regierung, deren Forderungen teilweise nachzukommen. In diesen drei Jahren steuerte das freie Österreich mit grässlich wachsender Geschwindigkeit seinem tragischen Ende zu.

Die Großloge von Wien hatte 1932 ihren höchsten Stand mit über 1900 Mitgliedern erreicht. Durch die Dollfuß-Regierung, den Druck und die Feindschaft der katholischen Kirche, und die Nationalsozialisten im Untergrund war die österreichische Freimaurerei großen Repressalien ausgesetzt. Wien war in dieser Zeit die Stadt mit dem größten jüdischen Bevölkerungsanteil im deutschsprachigen Raum und die Vereinigung der Freimaurer war eine Gesellschaft, wo sie als vollkommen gleichwertige Mitglieder anerkannt und willkommen waren. Eines erstarkten Antisemitismus in der Wiener Bevölkerung wegen beschließen auch viele Freimaurer, den beschwerlichen Weg der Emigration zu gehen. So sinkt der Mitgliederstand der Großloge von Wien im Jahr 1937 auf unter 800 Brüder.

691 Wiener Freimaurer emigrierten oder wurden verhaftet und kamen in Konzentrationslager. Viele Freimaurer wurden von den Nazis ermordet.

Ein fernöstliches Zwischenspiel

Am 25. Jänner 1933 gründete die Großloge von Wien eine Loge in Shanghai, die **Loge »Lux Orientis«**. Gründer waren 15 in Shanghai lebende Mitteleuropäer, vorwiegend Alt-Österreicher und Deutsche, die bisher in amerikanischen oder englischen Logen gearbeitet und den Wunsch hatten, in deutscher Sprache und *»im Geist der Großloge von Wien«* zu arbeiten. Für China, ein Land, in dem Logen sechs verschiedener Obödienzen arbeiteten, galt zwar kein Sprengelrecht, trotzdem holte man die ausdrückliche Zustimmung der Großloge von Massachusetts sowie der United Grand Lodge of England ein. Ende der 30er Jahre und nach dem Verbot der Freimaurerei in Österreich löste sich diese Loge jedoch wieder auf.

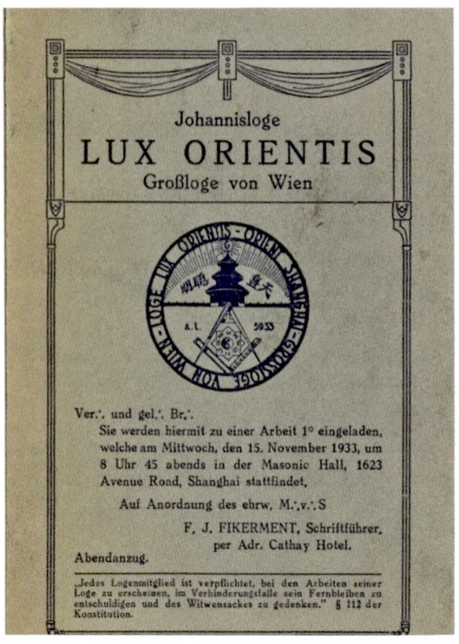

Johannisloge

LUX ORIENTIS

Großloge von Wien

LOGE LUX ORIENTIS - ORIENT SHANGHAI - GROSSLOGE VON WIEN

A. L. 5933

Ver.·. und gel.·. Br.·.

Sie werden hiermit zu einer Arbeit 1° eingeladen, welche am Mittwoch, den 15. November 1933, um 8 Uhr 45 abends in der Masonic Hall, 1623 Avenue Road, Shanghai stattfindet,

Auf Anordnung des ehrw. M.·.v.·.S

F. J. FIKERMENT, Schriftführer,
per Adr. Cathay Hotel.

Abendanzug.

„Jedes Logenmitglied ist verpflichtet, bei den Arbeiten seiner Loge zu erscheinen, im Verhinderungsfalle sein Fernbleiben zu entschuldigen und des Witwensackes zu gedenken." § 112 der Konstitution.

Einladung zu einer Arbeit

Bijou der Loge

Gruppenfoto, 1933

Ende (1938) und Wiederanfang (1945)

Richard Schlesinger war 1919 zum ersten Großmeister der Großloge von Wien gewählt worden, er war so beliebt und unumstritten, dass er alle drei Jahre bis 1938 wiedergewählt wurde.

Wladimir Misar, der Großsekretär der Großloge von Wien, berichtet weiter:

Richard Schlesinger

»Der Anfang vom Ende«:

Das verhängnisvolle Jahr 1938.

Bedeutende und bedrohliche politische Ereignisse folgten einander in den ersten zwei Monaten dieses Jahres und viele Brüder sahen damals mit ernster Sorge der nahen Zukunft entgegen. Verschiedene Maßnahmen wurden vorgeschlagen und erwogen bezüglich Bewahrung und Rettung des Vermögens der Großloge und der einzelnen Logen, des Archivs und der Fonds. Aber damals herrschte die Meinung vor, dass es nichts gebe, was die Freimaurerei zu verbergen und zu verhehlen hätte (...). So wurde in diesen Tagen nichts weggeräumt und nichts verborgen. (...)

Am 9. März lud Großmeister Richard Schlesinger die Stuhlmeister aller Logen zu einer Konferenz in sein Büro, um sich mit der entstandenen Situation der geplanten Volksabstimmung zu beschäftigen. (...) Als am nächsten Tag die Meister wieder beim Großmeister zusammenkamen, waren die Straßen im Zentrum von Wien von ungeheuren Haufen demonstrierender Nazis erfüllt.

Am folgenden Tag, am Freitag dem 11. März, wurde in den Räumen der Großloge in der Dorotheergasse eine Versammlung der Großbeamten abgehalten, dann kam die Nachricht von der Absage der Volksabstimmung. Da diese Tatsache auf eine Niederlage des Schuschnigg-Regimes hinwies und damit die schon lange befürchtete Katastrophe unmittelbar bevorstehend zu sein schien, schloss der Großmeister die Sitzung und die Großbeamten gingen durch die von heulenden Massen erfüllten Straßen nach Hause.

Und dann kam der unheilvolle 12. März 1938.
Am Morgen um drei Uhr wurde Großsekretär Misar vom Kustos der Großloge angerufen, dass eine große Volksmenge das Gebäude der Großloge in der Dorotheergasse belagere und dass die Polizei die Schlüssel zum Gebäude verlange, um es in Beschlag nehmen zu können. Da Misar nicht auf eigene Verantwortung handeln wollte und um dem erkrankten Großmeister unnötige Aufregungen zu ersparen, konsultierte er dessen Sohn Hans Schlesinger und rief anschließend den Deputierten Großmeister Robert Pelzer an, mit welchem er sich beriet.

Sie kamen überein, dass das Verlangen der Polizei, das Gebäude zu betreten, nicht ungesetzlich sei und dass dessen Erfüllung einfach mit Gewalt erzwungen werden könnte. Daher wurde beschlossen, die Schlüssel sofort der nächsten Polizeiwachstube auszuhändigen.

Später am Tag gingen einige Großbeamte in das Büro des Großmeisters, und der Deputierte Großmeister Ludwig Altmann riet diesem, sich in ein Spital zurückzuziehen. Leider erhielt dieser kluge Rat nicht die Zustimmung des Patienten.

Am Sonntag, dem 13. März wurde die Annexion Österreichs durch das Deutsche Reich offiziell proklamiert. Am Nachmittag dieses Tages erschien eine Kommission von sechs Mitgliedern der Nazipartei in der Wohnung des Großmeisters und befahl ihm die Übergabe des Vermögens der Großloge. Der Großmeister, dessen Krankheit in diesen letzten Tagen sich verschlimmert hatte, rief den Großsekretär an und bat ihn, die Aufträge der Gestapo durchzuführen, worauf sich dieser in das Büro der Großloge in die Schwindgasse begab. Da die Gestapo-Leute bereits anwesend waren und vieles bereits auf dem Tischen, den Sesseln und am Fußboden ausgebreitet war, schien sich eine formelle Übergabe zu erübrigen. Stattdessen fand ein eingehendes Verhör des Großsekretärs durch den Vorsitzenden der Kommission, Herrn Leopold Schneider, statt, dessen anmaßender Titel »Kulturrat« in diesem Augenblicke eine traurige Satire zu sein schien.

Dorotheergasse, 1938

Die Liste der Namen aller Logen, die Namen und Adressen der Stuhlmeister, die Verzeichnisse aller Mitglieder, all das wurde vor dem »Kulturrat« aufgehäuft, aber es schien ihm noch wichtiger, die Namen und Adressen der Schatzmeister zu erfahren. Als der Großsekretär darauf hinwies, dass er diese nicht kenne, äußerte sich der »Kulturrat«, teils ironisch, teils betrübt: *»Wahrscheinlich werden sie alle mittlerweile über der Grenze sein.«* Dann erkundigte er sich über die Loge »Lux Orientis« in Shanghai und war sehr erbost darüber, dass er ihre Existenz nicht hindern oder ihr Vermögen nicht fassen konnte.

Dann hatte der Großsekretär die Kommission zu den Räumen der Großloge in der Dorotheergasse zu begleiten, wo die Nachforschungen sich auf einen einzigen Gegenstand konzentrierten – auf Geld. Nach der Beschlagnahme des ganzen Vermögens verschloss die Kommission die Räume und verließ das Haus.

Großmeister Schlesinger hatte für den 14. März eine Konferenz mit den Stuhlmeistern angesetzt. Er konnte jedoch nicht mehr an dieser Konferenz teilnehmen, weil er am selben Morgen in seiner Wohnung von der Gestapo aus dem Bett geholt und in das Gefängnis auf der Elisabeth-Promenade gebracht worden war. Er wurde in eine Zelle gesteckt, welche mit anderen Gefangenen überfüllt war, und obgleich an einem ernsten Blasenleiden erkrankt, wurde ihm zugemutet, die folgende Nacht auf dem nackten Fußboden zu verbringen. Durch die Hilfsbereitschaft eines Mithäftlings, der ihm seine Matratze anbot, wurde der kranke alte Mann wenigstens vor dem harten und kalten Holzboden bewahrt. Drei Tage musste er in der Zelle verbringen, Besucher durfte er nicht empfangen. Es verschlimmerte sich sein Zustand und es stellte sich Fieber ein, das bis auf 40 Grad stieg. Endlich gelang es bei der Gestapo durchzusetzen, dass er gegen Erlag einer Kaution auf die Klinik Denk überstellt wurde. Die Bitte, allein in einem Zimmer untergebracht zu werden, wurde nicht erfüllt. Auf das Fenster des im Hochparterre gelegenen Krankenzimmers wurde JUDE geschrieben, seine Schwiegertochter durfte ihn zwei Stunden täglich besuchen.

Richard Schlesingers Zustand wurde infolge der brutalen Behandlung, aber noch mehr der seelischen Qualen wegen, immer ernster und er musste sich bald einer weiteren Operation unterziehen, welche er nicht mehr lange überstand, da er an einer Lungenentzündung erkrankte.

Seinem Ansuchen, ihn zu Hause sterben zu lassen, wurde nicht stattgegeben. Dem Sohn, Hannes Schlesinger, der im Landesgericht interniert war, dann aber freigelassen wurde, wurde der Zutritt zu seinem sterbenden Vater verwehrt. Schlesinger starb am 5. Juni 1938. Seinem Begräbnis durften neben Sohn und Schwiegertochter lediglich zwei weitere Personen beiwohnen.

Sein Neffe Oskar Böhm, der bei der Trauerarbeit am 20. Oktober 1945 die Gedenkrede In Memoriam Dr. Richard Schlesinger hielt, beendete diese mit den Worten:

Sein Tod war das Ende eines Mannes, der unsere Königliche Kunst so unendlich geliebt und die Treue zu ihr mit seinem Märtyrertod besiegelt hat.

Mit Richard Schlesinger war auch die österreichische Freimaurerei gestorben.

Dr. Ludwig Altmann (Deputierter Großmeister) am 25. Juli 1938 an das Polizei-Kommissariat Schottenring:

In Beantwortung der an mich gerichteten telefonischen Anfrage gebe ich hiemit bekannt, dass nach den von mir eingeholten Auskünften die Lokalitäten des Vereines Großloge von Wien, I. Dorotheergasse 12, in der Nacht von 11. auf den 12. März 1938 behördlich gesperrt und die Schlüssel beim Polizei-Kommissariat I. Petersplatz, abgeliefert wurden. Die Bestandsaufnahme und die weiteren Amtshandlungen wurden von Herrn Kulturrat Leopold Schneider geleitet. Ob ein Kommissär oder Liquidator des Vereines bestellt oder ob der Verein aufgelöst wurde, ist mir nicht bekannt.

Der Polizeipräsident in Wien am 5. November 1938:

Zu der Anfrage teile ich mit, dass der Verein »Großloge von Wien« mit Wirkung vom 15. April 1938 auf Grund des Gesetzes zur Wie-

dervereinigung Österreichs mit dem Deutschen Reich in Verbindung mit dem Erlass des Reichsführers SS und Chef der deutschen Polizei von der Staatspolizeileitstelle aufgelöst wurde. Das Vermögen des Vereines wurde zu Gunsten des Deutschen Reiches eingezogen und alle Rechte Dritter an diesen Vermögenswerten für erloschen erklärt.

16. Oktober 1940
Nationalsozialistische Arbeiterpartei, Gauleitung Wien an den Polizeipräsidenten: *Im Amtlichen Fernsprechbuch für das Ortsnetz Wien 1940 befindet sich auf Seite 147 die Eintragung: Großloge von Wien, Verein. Die Telefonnummer ist anscheinend noch in Betrieb, doch meldet sich dort nie jemand. Ich bitte der Sache nachzugehen und ehestens bekanntzugeben, ob dieser Verein noch aufrecht ist bzw. wer der Liquidator ist. Aus dem Telefonbuch müsste das Gebilde auf jeden Fall verschwinden.*

Die Eintragung im Amtlichen Fernsprechbuch von 1940 scheint wirklich das letzte Lebenszeichen der österreichischen Freimaurerei in einer dunklen Zeit gewesen sein. Jedoch gab es, allerdings weit entfernt, einen zarten Lichtschimmer: In Los Angeles trafen sich im gleichen Jahr 1940 drei Wiener Freimaurer und beschlossen, im Geiste der Großloge von Wien weiter zu arbeiten. Sie trafen sich von nun an regelmäßig, es kamen weitere Wiener Brüder dazu, und ab 1941 gründeten sie das »Freimaurerkränzchen Fraternitas Los Angeles«. Aus einem Vortrag dieses Kränzchens der Wiener Freimaurer am 26. September 1942 in Los Angeles mit dem Titel:

Ja, wir wollen es! Lasset uns der Vergangenheit gedenken.

Für Richard Schlesinger. Deinen Körper haben sie unter vielen Foltern gemordet und in Erde verscharrt.

Dein Geist aber ist unvergänglich. Tritt mit uns in die feste Kette, die wir bilden wollen.

Tradition führt zurück und geleitet vorwärts, sie ist ein Pfeiler zur Überbrückung der Gegenwart.

Nach 1945 in Wien

Am 26. April 1945 erfolgte die Bildung der provisorischen österreichischen Regierung, am 7. Mai kapitulierte das Nazi-Regime, und bereits am 28. Juli trafen sich 48 Männer, die bis zum Verbot Mitglieder der Großloge von Wien waren, und beschlossen die Freimaurerei in Österreich wieder aufleben zu lassen. Diese war 1938 zwar verboten, aber nicht aufgelöst worden. Die Großloge von Wien hatte ihre Arbeit zwangsläufig eingestellt, aber keine Selbstauflösung durchgeführt. So konnte an die Vereinsbehörde der Antrag gestellt werden, die unterbrochene Arbeit wieder fortzuführen, dem auch stattgegeben wurde.

Wien 1945 Tegetthoffstraße mit Blick auf den Neuen Markt

Brief an die Großloge von Wien:

»Republik Österreich Staatsamt für Inneres. Gemäß § 1 Absatz 2 des Vereins-Reorganisationsgesetzes wird entschieden:

Die Auflösung des Vereines »Großloge von Wien« tritt mit der Zustellung dieses Bescheides außer Kraft. Der genannte Verein kann daher in der Form, in der er sich vor der Auflösung befunden hat, seine Tätigkeit wieder beginnen. 16. Oktober 1945.«

Alfred Zohner, vor 1938 Mitglied der Loge Lessing, war der erste, der nach Ende des Krieges in das ehemalige Logenhaus in der Dorotheergasse 12 und in die Logenräume kam. Der 1. Stock (die ehemaligen Gesellschaftsräume) und ein Teil des 2. Stocks sind von einem Gewerbebetrieb besetzt, die übrigen Räume überwiegend verwüstet, die Bespannung der Wände zerfetzt, der Bodenbelag entwendet, Kästen aufgebrochen und ausgeraubt und auch die Bibliothek gestohlen. Es finden sich nur Kisten mit verschiedenen Gegenständen.

Zohner berichtet darüber an seinen ehemaligen Logenbruder Wladimir Misar nach London:

21. Oktober 1945:

(...) Gleich nachdem die Russen die Stadt befreit haben, habe ich meine Lessing-Brüder aufgesucht. Elf habe ich noch gefunden! Und hernach habe ich mich um unsere Arbeitsräume gekümmert. Aus der Schwind- und Annagasse sind Privatwohnungen gemacht. In der Dorotheergasse ist nur der große Tempel erhalten geblieben. Alle anderen Räume sind devastiert, Stühle und Bänke weggerissen, das Linoleum und die Teppiche entfernt, elektrische Leitungen abmontiert. Das ganze Mobilarium in den Räumen über einen Haufen geworfen. Dazu kam noch das Inventar aus der Schwind- und Annagasse, von der Schlaraffia und vom Rotaryclub. Die Bibliothek ist ganz weg. Ein Teil eingestampft, ein anderer weggeführt. Ein Teil befindet sich in der Nationalbibliothek. Im ganzen zweiten Stock ein Chaos. Wer die Räume betreten hat, sah, dass hier zerstört, geraubt und geplündert wurde. Aber all die Unordnung, namentlich im Saal der verlorenen Schritte, sa-

hen unverletzt die Bilder unseres Großmeisters Dr. Richard Schlesingers, Dr. Kapraliks und Dr. Ornsteins (…) Den großen Tempel schonte man, weil man daraus einen Ausstellungsraum machen wollte … Die ersten drei Wochen benützte ich, um vor allem das aus dem Wege zu räumen, was die profane Welt nicht zu sehen braucht. Nach drei Wochen lernte ich Frau Huber durch Bruder Böhm kennen. Unterdessen hatte ich mit einer Reihe von Brüdern aus den verschiedenen Logen Bekanntschaft gemacht und sie aufgefordert, wieder dem Bunde beizutreten. 64 Brüder habe ich persönlich besucht! Darunter auch den Deputierten Großmeister Dr. Doppler und den Meister vom Stuhl der Humanitas Ing. Erwin Kulka. Heute sind es 94 Brüder. Wir haben aus verschiedenen Logen eine Sammelloge gegründet und ihr den Namen »Humanitas Renata« gegeben. Dr. Doppler haben wir zum ehrwürdigsten Großmeister und Ing. Kulka wieder zum Meister vom Stuhl der Humanitas gewählt. Und Frau Huber, die brave, die mit ihrer Mutter unseren ehrw. Großmeister bis zur letzten Minute gepflegt hat, haben wir, weil sie arbeitslos war, als Reinigungsfrau, angestellt. (…)

Und Karl Kraus beschreibt in einem Brief an einen Wiener Bruder im Exil die Umstände:

»Trotz aller damals noch bestehenden Schwierigkeiten, wie Mangel jeglicher Verkehrsmittel (es gab damals weder Straßenbahn, noch Post, noch Telefon), bei teilweise infolge der Kampfhandlungen in Wien durch Schuttmassen unpassierbar gewesenen Straßen, war es möglich uns zu treffen. Wir mussten hier in Wien nach Wiederaufnahme der Tätigkeit insofern ganz vom Anfang an mit dem Aufbau beginnen, da uns von den Nazis Alles verschleppt wurde. Nur der große Tempel wurde von uns in seinem früheren Zustand vorgefunden, denn dieser sollte als Freimaurer-Museum, wahrscheinlich mit allen möglichen und unmöglichen Beiwerken, profaniert werden. Die für uns so wichtigen Archive sind leider bis jetzt unauffindbar geblieben. Die Kanzleieinrichtung und die in unserem Heim deponiert gewesenen Werkzeuge der Brüder sind zur Gänze verschwunden.«

Dennoch: am 20. Oktober 1945 hielt die österreichische Großloge ihre erste rituelle Arbeit nach dem Zweiten Weltkrieg ab. Und zwar in Form einer Trauerarbeit zum Gedenken an ihren Großmeister von 1918 bis 1938, Richard Schlesinger, und alle verfolgten Brüder.

Aus dem Protokoll:

»Tafel über die am Samstag, den 20. Oktober 1945, um 16.00 Uhr im großen Tempel Dorotheergasse Nr. 12 abgehaltene, von der Großloge von Wien für Österreich (...) einberufene erste rituelle Arbeit, die als Trauerarbeit dem Andenken des in den ewigen Osten eingegangenen Bruders Richard Schlesinger und aller jener Brüder, die gleich ihm als Märtyrer der Königlichen Kunst in den ewigen Osten eingegangen sind, geweiht ist. (...)

Der ehrwürdige Meister vom Stuhl der Loge »Humanitas Renata« eröffnet die Arbeit ersten Grades (...) und übergibt den Hammer dem ehrwürdigsten Bruder Großmeister, welcher die heutige Arbeit zur Großlogenarbeit erklärt.

Sodann wird die Arie »In diesen heil'gen Hallen« in vollendeter Weise zum Vortrag gebracht. Nachdem diese Arie verklungen, gibt der ehrwürdigste Bruder Großmeister Karl Doppler ein erschütterndes Bild der Leiden, die viele Brüder der Wiener Kette ertragen mussten und ihnen erlegen sind. Eines der ersten Opfer war (...) Großmeister Richard Schlesinger, von dem ein Lebensbild zu zeichnen er einen Bruder an den Vortragstisch bittet. (...)

Bruder Böhm, der Neffe Richard Schlesingers, schildert zunächst kurz das harmonisch ausgeglichene Leben Richard Schlesingers in der Familie, welcher er stets ein hilfsbereiter Ratgeber war. Er kommt dann auf sein Wirken im öffentlichen Leben zu sprechen, das immer von freimaurerischen Grundsätzen bestimmt war. Ergreifend ist der Bericht über die körperlichen und seelischen Demütigungen, welchen Bruder Schlesinger nach dem 15. März 1938 bis zu seinem Lebensende ausgesetzt war.

Der ehrwürdigste Bruder Großmeister erinnert an die großen Verdienste, die sich Bruder Schlesinger um die Großloge von Wien und um die Freimaurerei in Österreich erworben hat. Sein Ge-

denken und das der anderen verstorbenen Brüder wird auf freimaurerische Weise geehrt.

Nach der Überleitung der Großlogenarbeit in eine der Loge »*Humanitas Renata*« *schließt der Stuhlmeister die Arbeit.*«

Aber nicht immer war rituelle Arbeit möglich: »*Die für den 15. Dezember 1945 (...) angesetzte Arbeit ersten Grades entfällt, da wir kein Heizmaterial zur Verfügung haben um die Loge zu heizen. Wir können es nicht verantworten, die Brüder längere Zeit in ungeheizten Räumen festzuhalten. Sollte ein Bruder die Möglichkeit haben uns Heizmaterial irgendwelcher Art in beliebiger Menge zur Verfügung stellen zu können, so bitten wir darum (...)*«.Trotz solcher Widrigkeiten erstarkte die Loge Humanitas Renata rasch. Am 30. März 1946 findet eine erste Aufnahme von zehn Suchenden statt.

Bereits im Herbst 1946 konnte die Großloge aus den Mitgliedern der Humanitas Renata die wiedererstandenen Logen **Zukunft** und **Lessing zu den drei Ringen** bilden. Damit hatte die Sammelloge ihre Aufgabe erfüllt. Sie nahm wieder ihren alten Namen **Humanitas** an und die Großloge verfügte nun, gemeinsam mit der ebenfalls reaktivierten Klagenfurter Loge Paracelsus, über vier Logen, war also auch nach internationalen freimaurerischen Vorschriften wieder zu einer gesetzmäßigen Großloge geworden, die sich nun den Namen Großloge von Wien für Österreich gab.

Ein erstes Zeichen von Selbstbewusstsein setzte die Großloge am 15. Dezember 1945 mit einem Brief der Großloge von Wien für Österreich an Staatskanzler Renner:

Hochverehrter Herr Staatskanzler! Die Großloge von Wien für Österreich sendet namens der österreichischen Freimaurerei Ihnen die aufrichtigsten Glückwünsche zum 75. Geburtstag. Die österreichische Freimaurerei will Ihnen aber auch warmen Dank sagen für die aufopferungsvolle und erfolgreiche Arbeit, die Sie als Staatsbaumeister für unseren Staat und seine Bewohner geleistet haben. (...)

Die österreichischen Freimaurer sind sich aber vollauf der Pflicht bewusst, an dem Neuaufbau Österreichs zu jeder Zeit, an jedem Orte mit allen Kräften mitzuarbeiten.

Gleichlautende Briefe an den amerikanischen General Mark W. Clark und den englischen Generalleutnant Sir Richard McCleery Ende 1945:

Die Großloge von Wien (für Österreich) beehrt sich Ihnen mitzuteilen, dass sie sich am 28. Juli 1945 konstituiert hat unter dem Großmeister Karl Doppler. Die behördliche Bewilligung wurde vom Staatsamt für Inneres mit Bescheid vom 16. Oktober 1945 erteilt, ebenso haben die Behörden die Genehmigung zur Eröffnung der Loge »Humanitas Renata« gegeben. Diese Sammelloge, bestehend aus ungefähr 120 Brüdern, welche vor der Okkupation Österreichs durch Hitler schon der Wiener Großloge angehört haben, arbeitet jeden Samstag ab vier Uhr nachmittags im Hause Wien I., Dorotheergasse 12, II. Stock. Wir würden den Besuch amerikanischer (englischer) Brüder bei unseren Arbeiten begrüßen. (…)

Wie ich bereits mehrfach gehört habe, soll in USA- (englischen) Großlogen das Gerücht verbreitet sein, dass die Großloge von Wien in den Logenversammlungen politische oder religiöse Diskussionen duldet oder fördert. Um diesem Gerücht entgegen zu treten, möchte ich mir gestatten, Ihnen den betreffenden Paragraphen der aus dem Jahre 1918 stammenden und von jedem von uns beschworenen Satzungen anführen. § 2. Der Verein ist ein nichtpolitischer Verein. Er hat den Zweck, die Aufgaben der Freimaurerei zu fördern. Demgemäß obliegt ihm unter Ausschluss jeder Parteinahme in politischen oder religiösen Fragen die Verbreitung fortschrittlicher Ideen, allgemeiner Moral, Kultur und Nächstenliebe, sowie die Ausübung der Wohltätigkeit. Der Verein macht es seinen Mitgliedern zur Pflicht, die Landesgesetze zu beobachten.

Außerdem wurde in der Bundesversammlung vom 8. September, den jetzigen Verhältnissen Rechnung tragend, folgender Zu-

satz zu § 2 der Konstitution beigefügt: Vom Bund der Freimaurer sind alle Faschisten ausgeschlossen. Unter den Begriff Faschist fallen alle Personen, die der nationalsozialistischen deutschen Arbeiterpartei oder einem ihrer Wehrverbände (SS, SA, NSKK, NSFK) oder einer mit einer faschistischen Korporation in Verbindung stehenden Vereinigung angehört haben; ferner solche Personen, welche faschistische Bewegungen oder Bestrebungen durch freiwillige, namhafte Beträge unterstützt oder mit faschistischen Parteien sympathisiert haben. Hierzu sind auch die so genannten »Parteianwärter« zu zählen. (...)

Es ist selbstverständlich, dass die Großloge von Wien ihre Räumlichkeiten den amerikanischen und englischen (englischen und amerikanischen) Brüdern gerne zur Verfügung stellt, falls sie »Field-Lodges« abhalten wollen.

Ich verbleibe mit dem Ausdrucke ...

Das Band der freimaurerischen Weltenkette scheint auch während der Jahre der Not und der Entbehrungen gehalten zu haben. Als Beispiel dafür aus einem Brief des Bruders Norbert Freuder aus Los Angeles vom 8. März 1946:

An die altehrwürdige Großloge Orient Wien, zu Handen Großmeister Karl Doppler.

Ehrwürdiger und geliebter hochverehrter Bruder Großmeister!

Die in Los Angeles, Kalifornien, im Kränzchen »Fraternitas« vereinigten Brüder, die ausnahmslos vormals aktive Mitglieder Wiener Logen sind, empfinden es als ihr beglückendstes freimaurerisches Erlebnis, Kunde von der offiziellen Wiedereinsetzung der ehrwürdigen Großloge von Wien und der damit verbundenen Wiederaufnahme freimaurerischer Tätigkeit erhalten zu haben. (...) Ihnen, der kleinen Schar unentwegt Getreuer, senden wir, gleichfalls eine kleine Schar stets Getreuer, unsere herzinnigsten, tiefverwurzelten Glückwünsche.

Wir, die aus der früheren Heimat den Ausweg der Flucht in die Freiheit wahrer Menschenrechte gefunden haben, wir, die die dunklen Jahre Ihrer Angst und Ihres Bangens befreit von den

Sklavenfesseln entsetzlichster Demütigungen in der Sicherheit unserer neuen Heimat durchleben durften, wir dürfen unsere Treuverbundenheit im Angesicht der Ihrigen nur beschämt von der tiefen Opferwilligkeit Ihres Heroismus verkünden.

Doch von der Neuen Welt zur Alten Welt strecken sich unsere Bruderhände den Ihren entgegen zum Brudergriff, an dem Sie uns erkennen mögen, zur Bildung der festen Bruderkette, die niemals wieder von finsteren Gewalten, von Ausgeburten der Hölle, von Ungeist und Unmenschlichkeit zerrissen werden darf. (...)

Die »Fraternitas« steht selbstverständlich in engstem Kontakt mit der »Humanitas Lodge« in New York und dem Kränzchen der Wiener Brüder in der San Francisco Bay Area, das von dem hochverdienten Bruder Max Herz geleitet wird, sowie durch den freundschaftlichen Verkehr mit Wiener Brüdern in aller Welt.

(...) Wir ahnen, dass aus aller Welt ähnliche Kundgebungen beglückter Solidarität bei unserer altehrwürdigen, geliebten Mutter-Großloge einlaufen dürften.

Und ein Brief von John R. Schlesinger (dem Sohn Richard Schlesingers) vom 24. März 1946 an Großmeister Doppler:

Geliebter Bruder Doppler:

(...) Ich bin in der österreichischen Bruderschaft aufgewachsen. Ihre Philosophie und ihre maurerische Praxis waren die meinen. Nirgends habe ich die Lehre reiner und edler gefunden als in der österreichischen Kette. Meine Liebe hängt an ihr und mein Herz schlägt für sie, wie ich sie kannte. Ihre Welt war weit genug, um die Anderson'sche Konstitution, Comenius' leuchtende Erkenntnis, Lessings scharfen Geist, Salomonische Bilder und fast alles, was wir menschlich und spirituell nennen, zu umfassen.

Wenn ich dieser wiederaufgelebten Kette, quasi von außen her, Glück und Gedeihen wünsche, scheint es mir grotesk; denn ich fühle, dass diese Wünsche mir selber als einem Teil dieser geistigen Verbundenheit gelten.

Dennoch tue ich es zu Ihren Handen mit der unerschütterlichen Überzeugung, dass Menschlichkeit und Brüderlichkeit, wie die Wiener und österreichische Kette sie verstehen, die Ideale sind, welche die Tragik unserer Zeit in eine schönere Zukunft überleiten können.

Eine besondere, wenn auch ungewollte Ehre fiel der Freimaurerei durch den österreichischen Ministerrat zu. Er beschloss, die Melodie des von Wolfgang Amadeus Mozart komponierten Kettenliedes (»Brüder reicht die Hand zum Bunde«) für die neue österreichische Bundeshymne zu verwenden. Heute weiß man allerdings, dass diese Melodie nicht von Mozart, sondern von seinem Logenbruder Johann Baptist Holzer (1753–1818) oder vielleicht auch von Paul Wranitzky (1756–1808) stammt.

Der erste Großmeister nach dem Zweiten Weltkrieg war der Arzt Dr. Karl Doppler, der das Amt bis zu seinem Tod 1947 ausübte. Die Großloge von Wien für Österreich zählt zu diesem Zeitpunkt 107 Mitglieder in sechs Logen.

Als Nachfolger für Karl Doppler einigte man sich auf den Chefredakteur der Sektion Presse des Bundeskanzleramtes, Hofrat Bernhard Scheichelbauer, Mitglied der Loge Zukunft, der auch schon im Jahre 1931 an der Gründung der Loge Paracelsus in Kärnten beteiligt gewesen war. Er wurde im Februar 1948 einstimmig zum Großmeister gewählt. Der neue Großmeister sah sich schwierigen Problemen gegenüber. In seiner Antrittsrede entwickelte Scheichelbauer ein Programm, das zunächst der Beseitigung der Vorbehalte galt, die aus der Diffamierung der Freimaurerei durch ihre verschiedenen Gegner geblieben waren, dann der Wiederherstellung der Verbindungen der Großloge zur übrigen freimaurerischen Welt, der die Teilnahme Österreichs am Krieg entgegenstand; ferner dem weiteren Ausbau der Organisation in Österreich, der eine stärkere Einbindung der Bundesländer verlangte, und schließlich der Instandsetzung des Heimes der Großloge, der Intensivierung der Innenarbeit der Logen und einer gezielten karitativen Tätigkeit. Ein ambitioniertes umfangreiches Vorhaben, an dessen Verwirklichung unverzüglich herangegangen wurde. Nach großen Bemühungen der österreichischen Großloge erfolgt schließlich am 3. Dezember 1952 die angestrebte Anerkennung durch die Vereinigte Großloge von England.

Die Wiener Großloge teilt dies am 5. Jänner 1953 ihren Mitgliedern mit: *Zugleich mit der offiziellen Mitteilung von der Anerkennung unserer Großloge durch die Vereinigte Großloge von England in deren Jahresversammlung vom 3. Dezember ist eine kurze Schilderung dieses Vorganges eingetroffen (...): die Versammlung fand im großen Tempel von Freemasons Hall in London statt. Es nahmen an ihr 3000 Großbeamte und Stuhlmeister teil. Nach Erledigung der allgemeinen Tagesordnung erhob sich der Großmeister, The Earl of Scarbrough, und machte einen Bericht über den vor kurzem stattgefundenen Besuch der Königin-Mutter in Freemasons Hall, sowie die Mitteilung von den Verhandlungen zwischen der Großloge von Wien für Österreich und der Vereinigten Großloge von England. Aus ihrem Verlauf habe er die Überzeugung gewonnen, dass die österreichische Großloge, wie auch die Annahme der »Aims and relationships of the craft« durch sie zeigt, hinsichtlich Grundlagen, Prinzipien und Arbeitsweise vollkommen mit den klassischen Grundsätzen der Freimaurerei übereinstimme. Infolgedessen habe er sich entschlossen die offiziellen Beziehungen, die mit dieser Großloge vor dem Jahre 1938 bestanden, wieder aufzunehmen und den Auftrag zu geben, dies der Großloge von Wien für Österreich zu ratifizieren (...). Die Mitteilungen des Großmeisters wurden von der Versammlung mit lebhaftem Beifall aufgenommen.*

Das ist insofern bemerkenswert, als die Vereinigte Großloge von England das Prinzip hatte, nur Großlogen in freien unabhängigen Staaten anzuerkennen, und Österreich war zu dieser Zeit noch besetzt. Am 22. April 1955 (wenige Tage vor der Unterzeichnung des Österreichischen Staatsvertrags) gab sich die Großloge den Namen **Großloge von Österreich der Alten, Freien und Angenommenen Maurer.**

Diesen Namen trägt sie bis heute. Und sie wuchs bis 1979 auf 23 Wiener Logen.

Zur brüderlichen Harmonie Wien 1977
Pilgram Wien 1979
Zu den 7 Himmeln Wien 1977
Zur wohltätigen Marianna Klagenfurt 1975
Zur Wahrheit Wien 1975
Zur Bruderkette Wien 1976
Quator Coronati Wien 1974
Kosmos Wien 1973
Zur Toleranz Wien 1971
Acacia Wien 1971
Libertas Oriens Wien 1971
Die Brücke Graz 1971
Zu den 3 Lichtern Wien 1970
Sarastro Wien 1969
Tamino Salzburg 1969
Sapientia Wien 1968
Joh. Kepler Linz 1969
Zu den 3 Rosen Wien 1969
Eintracht Wien 1967
Libertas Gemina Wien 1965
Pythagoras Wien 1960
Hiram Wien 1962
Zu den vereinigten Herzen Graz 1963
Libertas Wien 1960
Enzenberg Klagenfurt 1959
Fraternitas Wien 1959
Donau Wien 1952
Mozart Wien 1956
Zu den 3 Säulen im Süden Klagenfurt 1952
Paracelsus Villach 1952
Zu den 3 Bergen Innsbruck 1951
Zu den 7 Weisen Linz 1950
Freundschaft Wien 1949
Zukunft Wien 1947
Lessing zu den 3 Ringen Wien 1947
Gleichheit Wien 1948
Paracelsus Klagenfurt 1945
Humanitas Renata Wien 1945

Ahnentafel der österreichischen Logen von 1945–1979

Bis 1985 war der Sitz der Großloge von Österreich im ersten Bezirk in der Dorotheergasse 12. Sie hatte dort das 2. und das 3. Stockwerk gemietet, doch durch das ständige Wachstum geriet man in Platznot. Es gab Überlegungen, den Dachboden auszubauen, Voraussetzung dafür war, die Räumlichkeiten zu kaufen, da sie bisher nur gemietet waren. Da dies aber nicht möglich war, entschloss man sich, sich anderseitig umzusehen.

Nach langem Suchen ergab sich für die Großloge die Möglichkeit, ein Objekt in der Rauhensteingasse zu erwerben, wo die Großloge bis heute ihren Sitz hat.

Dorotheergasse und Hauseingang Nr. 12

Freimaurerei in Wien heute

Neben der von der United Grand Lodge of England anerkannten Großloge von Österreich der Alten, Freien und Anerkannten Maurer (GLvÖ), wie der offizielle Name lautet, gibt es noch fünf weitere Großlogen in Wien mit ungefähr zusammen 1000 Mitgliedern:

Le Droit Humain Österreich
Großloge Humanitas Austria
Universaler Freimaurerorden Hermetica
Großorient von Österreich
Liberale Großloge von Österreich

Alle diese Großlogen sind sogenannte gemischte Großlogen, das heißt, sie nehmen im Unterschied zur GLvÖ Frauen und Männer auf.

Logo der Großloge von Österreich der Alten Freien und Angenommenen Maurer

Die bei weitem größte Großloge, neben der Großloge von Österreich, ist der Droit Humain. Dessen erste Loge wurde bereits 1922 in Wien gegründet. 2018 gab es 25 Logen, davon 16 in Wien und 9 in den Bundesländern mit etwa 530 Mitgliedern, die große Mehrheit weiblich. Ein Teil der Logen besteht nur aus Freimaurerinnen.

Polemiken gegen die Freimaurerei und bestimmte Freimaurer

Prominente Politiker, wie der Bundesminister und Bürgermeister von Wien, Helmut Zilk, und Fred Sinowatz, Bundesminister und Bundeskanzler, waren bekennende Freimaurer und trugen zur Imageverbesserung der Freimaurerei in Wien und Österreich bei.

Trotzdem gab es immer wieder Anfeindungen. So wollte man 1957 mit dem Slogan *»Prominente Freimaurer empfehlen die Wahl Schärfs«* Adolf Schärf schaden. Er wurde trotzdem zum Bundespräsidenten gewählt. Adolf Schärf war kein Freimaurer. Und noch im Bundespräsidentenwahlkampf 2016 wurde versucht, das Thema Freimaurerei anzusprechen. Dazu aus der Presse vom 10. Mai 2016: *»Sie als Freimaurer ...« Der FPÖ-Kandidat für die Wahl des Bundespräsidenten, Norbert Hofer, hat zuletzt in Konfrontationen mit seinem Widerpart, Alexander Van der Bellen, den früheren grünen Bundessprecher mehrfach als Freimaurer-Mitglied angesprochen, ohne dass Van der Bellen darauf eingegangen wäre.*

Nachforschungen ergeben nun: Nein, Alexander Van der Bellen ist kein Mitglied der Freimaurer. Aber: Alexander Van der Bellen war Freimaurer. Mitte der 1970er-Jahre ist er dort nach eigenen Angaben in die damals einzige Innsbrucker Loge aufgenommen worden. Ungefähr ein Jahr lang sei er auch »aktiv« gewesen, das heißt, er habe an Sitzungen teilgenommen. Van der Bellen: »Danach habe ich als rein passives Mitglied noch etwa zehn Jahre lang den Mitgliedsbeitrag bezahlt und bin schließlich auf meinen expliziten Wunsch hin ausgeschieden.«

Nach seiner, wie er sich ausdrückt, »bescheidenen Kenntnis« werde die Bedeutung der Freimaurerei häufig überschätzt. »Seine« Loge in Innsbruck sei jedenfalls ein Klub ehrenhafter Bürger mit interessanten Diskussionsabenden auf relativ hohem intellektuellen Niveau gewesen.

Wahlplakat, 1957

Weitgehend unbekannt ist, dass auch der Vater Max und der Onkel Otto des späteren Bundeskanzlers Bruno Kreisky Freimaurer waren, beide waren Mitglieder der Wiener Loge Labor. Während Max Kreisky 1942 nach Schweden emigrieren konnte, wurde sein Bruder Otto Kreisky im Konzentrationslager Auschwitz ermordet.

Auch wenn manche Zeitschriften und eine politische Partei von Zeit zu Zeit Polemiken gegen die Freimaurerei versuchen, geht die österreichische Freimaurerei unbeirrt ihren Weg weiter. Gab es 1988 in der Großloge von Österreich 2000 Brüder in 40 Logen, so sind es 2019 bereits 3700 in 80 Logen, davon allein 54 Logen in Wien.

Am 8. Dezember 2018 feierte die Großloge von Österreich ihr 100jähriges Bestehen mit einem Festakt in der Hofburg, an dem ca. 1200 Brüder teilnahmen.

Tempel in der Rauhensteingasse (Detail)

STADTFÜHRER 1. WEG

Das freimaurerische Wien des 18. Jahrhunderts

Dieser Weg führt vom Maria-Theresien-Platz zwischen Kunst- und Naturhistorischem Museum über die Ringstraße zum Burggarten, dann weiter durch die Augustinerstraße zum Josefsplatz, von dort zum Michaelerplatz, Kohlmarkt mit einem Abstecher in die Wallnerstraße und Graben entlang zum Stephansplatz und an der Rückseite des Doms durch einen Hausdurchgang zur Domgasse.

Maria-Theresien-Denkmal

1888 errichtet von Architekt Caspar von Zumbusch (Plastiken) und Carl von Hasenauer (Bauwerk). Zwischen Kunst- und Naturhistorischem Museum.

Maria Theresia (1717–1780) war eine Gegnerin der Freimaurerei, obwohl ihr Gatte Franz I. in den Freimaurerbund aufgenommen worden war. Allerdings waren sieben der sie auf diesem Denkmal umgebenden Vertrauten bzw. Berater Freimaurer:

Verwaltung: Carl Samuel Brukenthal. (1743 Aux Trois Canons), Joseph Anton Ritter von Riegger (1764 Die Freigiebigen), Joseph Freiherr von Sonnenfels (1782 Zur wahren Eintracht)

Politik: Wenzel Anton Kaunitz (? angeblich Herkules in Schlesien), Franz Gundacker Graf Starhemberg (1774 Zur Hoffnung)

Kunst und Wissenschaft: Gerard van Swieten (? möglich Aux Trois Canons nach Verbot), Joseph Haydn, Wolfgang Amadeus Mozart

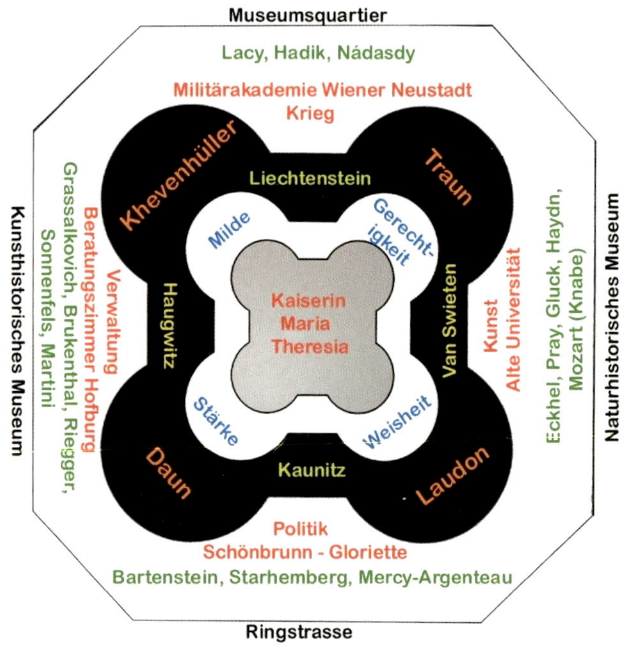

Mozart-Denkmal im Burggarten

Der Burggarten war bis zum Ende der Monarchie kaiserlicher Privatgarten und für die Wiener nicht zugänglich. Erst 1918 wurden die Tore für alle geöffnet. Sämtliche Denkmäler im

Burggarten sind erst nach der Öffnung aufgestellt worden. So war der ursprüngliche Platz des Mozart-Denkmals hinter der Staatsoper am Albertina-Platz und gab so dem Café Mozart seinen Namen.

Wolfgang Amadeus Mozart (1756–1791) ab 1781 in Wien, aufgenommen am 14. Dezember 1784 in die Loge Zur Wohltätigkeit, ab 1786 Mitglied der Sammelloge Zur neugekrönten Hoffnung.

Mozart war in seinem 35 jährigen Leben 10 Jahre, 2 Monate und 8 Tage auf Reisen und besuchte dabei mehr als 200 Städte.

Kaiser Franz I. Denkmal

Kaiser Franz I. Stephan, 1708 – 1765. Bildhauer: Balthasar Ferdinand Moll. Material: Blei. Enthüllung: 1780 (ursprünglich Mölkerbastei).

Inschrift: *Für des verewigten Franz I, Kaiser der Römer, Standbild hat Franz I, Kaiser von Österreich, die Erinnerung an den besten, größten Großvater ehrend, diesen Aufstellungsort gewünscht, dass er immer im Angesicht der Seinen sei, 1819 (M.D.CCC.XIX.)*

Albertina

Die berühmteste und größte Graphiken-, Zeichnungen- und Aquarellsammlung der Welt, begründet von Albert Kasimir August Herzog von Sachsen-Teschen (1738–1822). 1766 heiratet er Marie Christine, die Lieblingstochter Maria Theresias. Eine Liebesheirat, die bis zu Marie Christines Tod dauern sollte.

Albert Sachsen-Teschen wurde 1764 in die Loge Zu den 3 Schwertern in Dresden aufgenommen. Anfang 1774 erhält die Loge Zu den drei Adlern in Wien von ihm die Warnung, sich nicht auf die Duldung der Obrigkeit für ihre Logenarbeiten zu verlassen, da die Polizei auf sie aufmerksam geworden sei und die Gefahr bestehe, dass die Loge ausgehoben werde.

Kunstfreund Giacomo Conte Durazzo (Botschafter in Venedig), und der Freimaurer Jacob Matthias Schmutzer (Direktor der Kupferstichakademie in Wien) raten ihm, Graphiken und Aquarelle zu sammeln, da diese noch erschwinglich sind.

Die Sammlung Herzog Alberts zählt weltweit zu den bedeutendsten Kunstsammlungen. Über 50 Jahre nutzte er ein europaweit agierendes Netzwerk von Händlern sowie Auktionen von umfangreichen Privatsammlungen, um 14.000 Zeichnungen und 200.000 Druckgrafiken zu erwerben. Viele der Meisterzeichnungen – von Michelangelos Männerakten über Dürers »Feldhase« bis zu Rubens' Kinderportraits – zählen heute zu den berühmtesten Werken der Kunstgeschichte.

1816 bestimmte Herzog Albert seine Grafiksammlung zum unteilbaren und unveräußerbaren Fideikommiss. Als habsburgischer Fideikommiss fielen Gebäude und Kunstsammlung nach dem Ende der Monarchie unter das Habsburgergesetz und gingen daher im April 1919 in österreichisches Staatseigentum über. Die Sammlung wurde durch diese Stiftung bis heute komplett erhalten.

Jakob von Alt. Das Palais Herzog Alberts mit der Augustinerbastei, 1816

Marie Christine und Albert von Sachsen-Teschen

Josefsplatz

Die Hofbibliothek wurde unter Karl VI., dem Vater Maria Theresias, als freistehender Bau errichtet – unter Maria Theresia fand der Josephsplatz seine heutige hufeisenartige Form.

Denkmal Joseph II.
In der Mitte des Platzes befindet sich eine Reiterstatue von Kaiser Joseph II.; Auftraggeber war Kaiser Franz II. Sie ist der Statue des Marc Aurel am Kapitol in Rom nachempfunden und wurde von Franz Anton Zauner 1795 bis 1807 gefertigt.

Joseph II. wird, wie Marc Aurel, auf dem Pferd sitzend dargestellt, die rechte Hand zum Gruß erhoben. Die Statue steht auf einem Sockel aus poliertem Mauthausner Granit, der von Reliefs und Medaillons geschmückt wird. Darauf sind Szenen des Handels und des Ackerbaus dargestellt.

Im Goldenen Zeitalter der Aufklärung werden medizinischer Fortschritt, die Abschaffung der Folter, die Gründung des Allgemeinen Krankenhauses in Wien, eine Agrarreform, der Ausbau eines allgemeinen Schul- und Verwaltungswesens von Menschen im Umfeld des Kaisers betrieben, die sich den Idealen der Anderson'schen freimaurerischen Prinzipien verschrieben haben.

Augustinerkirche

Im Jahre 1634 wurde die Augustinerkirche zur kaiserlichen Hofpfarrkirche ernannt, in der die Thronfeiern des Kaiserhauses und die Hoftrauungen stattfanden. Die bedeutendsten Hochzeiten waren diejenigen von Erzherzogin Maria Theresia mit Franz von Lothringen im Jahre 1736, die Stellvertreterhochzeit ihrer Tochter Erzherzogin Maria Antonia am 19. April 1770 mit dem späteren König von Frankreich Ludwig XVI., die Stellvertreterhochzeit von Erzherzogin Maria Ludovika mit Napoleon Bonaparte am 11. März 1810 und die Trauung von Kaiser Franz Joseph I. mit Prinzessin Elisabeth am 24. April 1854.

Die Albertina und dahinter die Augustinerkirche (Aquarell)

Hier ließ Albert Sachsen-Teschen ein Grabdenkmal für seine 1798 verstorbene Frau Marie Christine errichten. Der Bildhauer Antonio Canova schuf ein pyramidenförmiges Kenotaph versehen mit masonischen Motiven. Es war dies das erste Grabdenkmal für eine weltliche Frau in einer Kirche.

Augustinerkirche, Grabdenkmal für Marie Christine

Palais Fries (das jetzige Palais Pallavicini)

Johann Joseph **Fries**, (ab 1752) Edler von (ab 1756) Ritter von (ab 1762) Freiherr von (ab 1783) Graf (* 7. Mai 1719 Mülhausen [Mulhouse, Elsass], † 19. Juni 1785 Bad Vöslau [NÖ] im Schlossteich ertrunken, möglicherweise Freitod)

Das jetzige Palais Pallavicini ist das Resultat von verschiedenen Umbauten auf dem Platz des ehemaligen »Königinnenklosters«. Das Kloster wurde von Elisabeth, der Witwe des französischen Königs Karl IX. und Tochter Maximilians II. im Jahre 1581 gestiftet. Am 12. Jänner 1782 wurde das Kloster im Zuge der josephinischen Klosteraufhebungen geschlossen und die Gebäudetrakte aufgeteilt.

Das Palais Fries im 18. Jahrhundert

Einen dieser Teile erwarb Johann Graf von Fries und beauftragte den Schöpfer der Wiener Gloriette, Ferdinand Hohenberg von Hetzendorf, mit dem Umbau. Dieser errichtete einen der interessantesten Palastbauten Wiens, an dessen Fassade der reiche Schmuck des Hochbarock erstmals den schlichteren Zügen des Klassizismus wich. Die strenge Gliederung des Baus wird jedoch durch das Tor und die Attika belebt. Die Karyatiden vereinen Größe und Anmut in vollendeter Weise und sind ebenso wie die gelagerten Frauengestalten der Attika ein Werk von Franz Zauner, der auch das Denkmal Kaiser Josephs am gegenüberliegenden Platz errichtete.

Was sich heute als architektonisch spannender Übergang zwischen zwei Architekturstilen präsentiert, war damals ein handfester Skandal. Die radikale, durch ihre Schlichtheit bestechende Fassade war gerade als Gegenüber zur Hofburg sehr umstritten, obwohl sie als Zugeständnis an die Architektur der Zeit und die prachtvolle Umgebung sanft »barockisiert« wurde. Außerdem wurde kritisiert, dass die »Beletage«, also die Festräume, sich im zweiten und nicht wie üblich im ersten befunden haben.

Soliman, Angelo (* ca. 1721 vermutlich Nigeria [Afrika], † 21. November 1796 Wien) Aufgenommen in eine nicht bekannte Loge, rektifiziert und affiliiert (II°) am 7. September 1781 in die Loge Zur Wahren Eintracht, zum Meister erhoben am 6. Oktober 1781, ab 1786 in der Sammelloge Zur Wahrheit, gedeckt Oktober/ Dezember 1786.

Im Gebäude zwischen Augustinerkirche und Nationalbibliothek befand sich im 18. Jahrhundert das **Kaiserliche Naturalienkabinett.**

Brand des Kaiserlichen Naturalienkabinetts, 1848

Nach dem Tod Solimans wird auf Anordnung von Kaiser Franz II. die Haut des Verstorbenen präpariert und bis 1806 im k. k. Hofnaturalienkabinett als »Repräsentant des Menschengeschlechts« ausgestellt. Am 31. Oktober 1848 vernichtet im Zuge der Revolutionsereignisse ein auf dem Dach der Augustinerkirche ausgebrochener, auf das Dach des Naturalienkabinetts übergreifender Brand das auf dem dortigen Dachboden gelagerte seltsame Präparat.

Michaelerplatz

Das alte Burgtheater: Uraufführungsort von Mozarts »Entführung aus dem Serail« (17. Juli 1782) und »Die Hochzeit des Figaro« (1. Mai 1786). Nach der Uraufführung der Entführung meinte Kaiser Joseph II., der musikalisch einen eher altmodischen Geschmack hatte, zu Mozart über die Oper: *»Zu schön für unsere Ohren und gewaltig viel Noten, lieber Mozart.«* Worauf dieser entgegnete: *»Gerade so viel Noten, Euer Majestät, als nötig sind.«* Dem Kaiser gefielen solche Antworten. Trotz großen Lobes von vielen Seiten bekam Mozart allerdings keine Anstellung bei Hof. Verdrossen meinte er: *»Keinem Monarchen in der Welt diene ich lieber als dem Kaiser, aber erbetteln will ich keinen Dienst.«*

Das alte Burgtheater

Altes Burgtheater, Zuschauerraum

Die
Freymaurer.
Ein Lustspiel
in
drey Aufzügen.

Aufgeführt auf dem k. k. Nationalhoftheater.

Wien,
zu finden beym Logenmeister 1784.

Friedrich Ludwig Schröder und sein Schauspiel »Die Freymäurer«

Am 10. Jänner 1784 wird im k. k. Nationaltheater nächst der Burg die dreiteilige Komödie »Die Freymäurer« uraufgeführt; als Autor wird der Hamburger Friedrich Ludwig Schröder genannt. Schröder, der große Reformator der deutschsprachigen Freimaurerei, ist zu dieser Zeit als Theaterdirektor, Schauspieler und Intendant in Wien tätig.

Das Stück wird insgesamt elfmal gespielt, das letzte Mal am 18. Februar 1786. Unter anderen spielen in diesem Stück die Schauspieker Johann Franz Hieronymus Brockmann, Johann Gottlieb Stephanie d. J. beide aus der Loge Zu den 3 Adlern und Carl Jacquet aus der Loge Zum Hl. Joseph.

Dieses Theater musste im Jahre 1888 dem Bau des Michaelertraktes der Hofburg weichen, der im Auftrag von Kaiser Franz Joseph nach alten Plänen Joseph Emanuel Fischer von Erlachs errichtet wurde.

Im »Michaelerhaus«:

Im 1720 erbauten »großen Michaelerhaus« neben der Michaelerkirche wohnte der junge Haydn in den 1750er Jahren in einer Dachkammer – zwischen seinem Rauswurf als Sängerknabe im Wiener Stephansdom (um 1749) und seiner Anstellung als »Musikdirektor« beim Grafen Morzin (um 1757). Nach seiner Entlassung aus der Domkapelle spielte Haydn in der Michaelerkirche 1749 als 17-Jähriger die Orgel.

Kohlmarkt

Der Verlag Artaria: Seit 1770 in Wien ansässig. (Kohlmarkt 9). Ein Mitglied der Familie Artaria, Pasquale, wurde 1782 in die Loge Zur gekrönten Hoffnung aufgenommen. Das Verlagshaus Artaria stand exemplarisch für die grundlegenden Veränderungen im Musikleben des 18. Jahrhunderts – für das Entstehen eines bürgerlichen Musikmarktes und einer damit verbundenen kompositorischen Praxis, die sich an diesem Markt orientierte. Nicht nur Mozarts, auch Haydns europäischer Ruf – noch vor seinen erfolgreichen London-Reisen in den 1790er Jahren – verdankte sich eben dieser Präsenz am internationalen Verlagsmarkt – in Paris, Lyon, London, Amsterdam, Berlin und Wien.

Im August 1778, demselben Jahr, als die Herausgabe der berühmten Vedutenserie Wiens von Carl Schütz, Laurenz Janscha und Johann Ziegler begann, kündigte die Familia Artaria das erste eigene musikalische Verlagswerk im Wiener Diarium an. Der älteste erhaltene Musikkatalog der Firma stammt aus dem Jahr 1779 und trägt den Titel: *»Erster Anhang zum Verzeichnis von Musicalien, welche bey Artaria und Compagnie Kunst Kupferstich-Landkarten-Musicalienhändlern und Verlegern gegen der Michaelerkirche über in Wien zu haben sind. Wien, bey Mathias Andreas Schmidt, Universitäts-Buchdrucker.«*

Der Kohlmarkt mit dem Artariahaus

Pasquale Artaria

Von 1781 bis 1791 war Artaria als führender Musikverleger Wiens auch wichtigster Herausgeber der Werke Wolfgang Amadeus Mozarts. Mozart, im März 1781 nach Wien gekommen, ließ bereits im November desselben Jahres sechs Violinsonaten (Violinsonaten op. 2) bei Artaria veröffentlichen. Schon 1785 folgte die Edition einer größeren Anzahl seiner Werke (13). Der Verlag etablierte sich daraufhin als Hauptverleger von Haydn und Mozart. Auch Beethoven ließ seine Werke bei Artaria verlegen.

Das Kaiserhaus

(Wallnerstraße 3) 1730 nach einem Entwurf von Joseph Emanuel Fischer von Erlach umgebaut und 1740 an Franz Stephan von Lothringen verkauft. Dieser benützte es gleichsam als eine lothringische Enklave in Wien und als innerstädtisches Verwaltungszentrum des kaiserlichen Privatbesitzes. Seither wird es »Kaiserhaus« genannt. Hier konnte der Kaiser ungestört seinen vielfältigen persönlichen Neigungen nachgehen und

Kaiserhaus

Kaiserhaus, Repräsentationsräume

u.a. Audienzen für »nicht hoffähige« Personen gewähren. Der Kaiser war ein geistig, aber auch manuell sehr vielfältig begabter Mann und hatte in dem Hause auch eine Werkstatt mit Drehbank und Schnitztisch, welche er gerne benützte. Neben diesen mechanischen, ja erfinderischen Tätigkeiten hatte er eine große Vorliebe für alchemistische Versuche, wofür er sich im »Kaiserhaus« ein chemisches Laboratorium hatte einrichten lassen.

Stephansdom

Die Anfänge des Doms gehen auf das Jahr 1137 zurück. Die erste Kirche wurde 1147 fertiggestellt und im selben Jahr vom Passauer Bischof Reginbert von Hagenau geweiht. Geostet ist die Kirche auf den Sonnenaufgang des 26. Dezember 1137. Von 1230 bis 1245 entstand unter Herzog Friedrich II. dem Streitbaren von Österreich ein weiterer spätromanischer Bau, dessen Westfassade noch erhalten ist. Sie besteht aus den beiden Heidentürmen und dazwischen dem Riesentor. Unter den Habsburgern, seit 1282 Herzöge von Österreich, begann die gotische Bauperiode.

Die Regierungszeit von Herzog Rudolf IV., genannt »der Stifter«, war bedeutsam für die Kirche: Am 7. April 1359 legte er den Grundstein für den Südturm und den gotischen Erweiterungsbau der Kirche. Bis zum Jahre 1407 war der Turmunterbau bis zur Höhe des Kirchendachs gediehen, als entscheidende Korrekturen vorgenommen wurden, da, wie Thomas Ebendorfer überliefert, *»in der Kunst erfahrene und in unseren Tagen berühmte Baumeister im Aufbau des genannten Turms derart vom Originalplan abgewichen waren, dass alles, was in mehreren Jahren kostspielig an ihm gebaut worden war, umgekehrt wieder bis dahin, wo der erste Baumeister ihn hinterlassen habe, abgetragen worden ist«.*

Der Stephansdom Anfang 19. Jh.

Vollendet wurde der Turm anschließend mit Abänderungen 1433, wobei dieser Turm mit 136 Metern bis zur Vollendung des Straßburger Münsterturms im Jahre 1439 der höchste Turm Europas war.

Obwohl er nur von 1511 bis 1515 die Leitung der Bauhütte von St. Stephan hatte, ist der Bildhauer und Baumeister **Anton Pilgram** (um 1460 in Brünn † 1515 Wien) der bekannteste Dombaumeister, er vollendete den Orgelfuß und war unter anderem an der Ausführung der Domkanzel beteiligt. Zweimal ist er im Dom abgebildet: im Orgelfuß und unter der Kanzel, jeweils mit Winkelmaß und Zirkel in der Hand.

Über dem Hauptportal befindet sich ein Relief, auf dem Christus als Weltenherrscher mit einem entblößten Knie abgebildet ist. In alten freimaurerischen Katechismen wird es so erklärt: *Die Antwort auf die Frage »Warum wurde Dein linkes Knie entblößt« lautet »Weil mein linkes Knie die schwächste Stelle meines Körpers ist und weil ein Lehrling die schwächste Stelle der ganzen Maurerei ist«.*

Christus als Weltenherrscher

Meister Pilgram mit Winkel und Zirkel, Kanzel

Mozarthaus

An der Rückseite des Stephansdoms geht es durch einen Durchgang zur Domgasse, wo sich auf Nummer fünf das so genannte Mozart- oder Figarohaus mit einer Mozart-Wohnung befindet. Mozart erwarb das Wohnrecht für die »repräsentative Nobelwohnung, zentrale Lage, Beletage, vier Zimmer, zwei Kabinette, Küche, Boden, Keller, zwei Holzgewölbe« mit einer Jahresmiete von rund 450 Gulden von der Familie Camesina. Von allen seinen Wiener Wohnungen war dies die größte und ist die einzige bis heute erhaltene. In den zweieinhalb Jahren, welche Mozart hier verbrachte, entstanden zentrale Werke wie etwa »Le Nozze di Figaro«. Das Mozarthaus ist heute als Museum geführt und zu besichtigen. Zusätzlich zu den Wohnräumen werden auf weiteren zwei Etagen Informationen über Mozart in der Form von audiovisuellen Installationen präsentiert. Die Ausstellungsstücke selbst sind keine Originale, stammen aber aus Mozarts Zeit. Außerdem werden jährlich wechselnde Sonderausstellungen präsentiert, und im Kellergeschoß finden Kammerkonzerte und verschiedene Veranstaltungen statt.

Mozarthaus

W.A. Mozart (Johann Nepomuk della Croce 1781)

Erstausgabe von Mozarts Klavierquartett, KV 493, herausgegeben von Artaria im Jahre 1787

STADTFÜHRER 2. Weg
Auf den Spuren Wolfgang Amadeus Mozarts

Dieser Weg zeichnet jene Adressen nach, an denen Wolfgang Amadeus Mozart nach seiner Übersiedlung von Salzburg nach Wien gewohnt hat. Bevor er am 16. März 1781 endgültig von Salzburg nach Wien übersiedelte, war Mozart bereits vier Mal in Wien gewesen.

Seine Adressen:

16. März bis 2. Mai 1781: Singerstraße, Deutschordenshaus, 1. Hof (entspricht jetzt 1010, Singerstraße 7)

Singerstraße, Deutschordenshaus

Mozart kann sich mit dem Bediensteten-Schicksal bei Erzbischof Colloredo nicht abfinden. Er riskiert das wirtschaftlich ungewisse Leben des freischaffenden Künstlers, wobei dieser Schritt vor allem von zwei Bedingungen abhängig ist: Ausreichende Verdienstmöglichkeit und die Einwilligung des Vaters. Beides ist zunächst nicht gegeben. Durch Mozarts Weigerung, mit Colloredo nach Salzburg zurückzureisen, kommt es zum endgültigen Bruch. Mozart schreibt nun sein Entlassungsgesuch und gibt es dem Vorzimmerdienst versehenden Grafen Arco, der die Entlassung aber nicht annimmt, nicht einmal bereit ist, sie an den Erzbischof weiterzuleiten und zuerst die Einwilligung des Vaters verlangt. Der von Mozart berichtete spektakuläre Fußtritt des Grafen Arco, mit dem dieser den Komponisten aus dem Deutschen Haus beförderte, geht aber über freundschaftliche Gesten doch hinaus und trifft Mozart sehr hart.

Nachdem es zwischen Mozart und seinem fürstlichen Herrn, dem Erzbischof von Salzburg, zum Bruch gekommen und er aus dessen Dienst getreten war, hatte sich Mozart genötigt gesehen, seine bisherige Wohnung im Deutschen Ordenshaus zu verlassen.

2. Mai bis September 1781: Am Peter, Zum Auge Gottes (1010 Petersplatz 8) bei Maria Cäcilia Weber

Petersplatz mit Peterskirche, dahinter Haus Nr. 8

Im zweiten Stockwerk des alten Hauses mietete sich Mozart hier als Zimmerherr bei der Familie Weber ein. Hier verliebte er sich in die Tochter Konstanze Weber. Sein Vater versuchte seinen Sohn von Konstanze zu trennen und verlangte von ihm, das Weber'sche Haus zu verlassen. Mozart kam zwar diesem Wunsch nach und übersiedelte zu Michaeli auf den Graben in das Haus der Therese Contrini in ein möbliertes Zimmer, doch das Zustandekommen der Ehe konnte der besorgte Vater nicht verhindern. Die Kontakte zur Familie Weber bleiben aufrecht. Es kommt zu einem Vertrag zwischen Mozart und der Familie Weber, worin er sich verpflichtet, Konstanze Weber innerhalb von drei Jahren zu ehelichen, anderenfalls 300 Gulden jährlich zu bezahlen. Konstanze zerreißt aber den Vertrag. Die Hochzeit kann noch nicht stattfinden, da Mozart auf das Honorar für »Die Entführung aus dem Serail« warten muss. In seinem Zimmer auf dem Graben schreibt Mozart auch die »Haffner-Symphonie«, das letzte Werk seiner Junggesellenzeit und vollendet die Entführung. Am 16. Juli 1782 findet die Uraufführung statt, ein Erfolg, der von keiner anderen Oper Mozarts übertroffen wurde. Das Honorar beträgt 100 Dukaten, und am 4. August 1782 kann allen Widerständen zum Trotz die Hochzeit mit Konstanze im Stephansdom stattfinden.

September 1781 bis Juli 1782: Am Graben 3 (1010 Graben 17)

23. Juli bis Dezember 1782: Am Graben 5 (1010 Graben 19)

Dezember 1782 bis Februar 1783: Wipplingerstr. 3 (1010 Wipplingerstr. 14) bei Raimund Freiherr Wetzlar von Plankenstein

Februar bis April 1783: Kohlmarkt, Zum Englischen Gruß (1010 Kohlmarkt 7)

24. April bis Dezember 1783: Judenplatz 2 (1010 Judenplatz 3)

Hier erwartet Konstanze ihr erstes Kind, das am 17. Juni 1783 zur Welt kommt. Es ist dies Raimund Leopold, der allerdings bereits am 19. August desselben Jahres an »Gedärmfrais« stirbt. Im Frühjahr 1783 wirkt Mozart bei größeren Akademien mit, wie bei einer Akademie seiner Schwägerin im Burgtheater. Am 23. März 1783 ist Kaiser Joseph II. bei einer Akademie im Burgtheater anwesend.

Jänner bis September 1784: Am Graben, Trattnerhof (1010 Graben 29) Die Frau des Besitzers des Hauses, Johann Thomas Edler von Trattner, Maria Theresia, war eine der ersten Klavierschülerinnen Mozarts und das Ehepaar Trattner übernahm von insgesamt vier Kindern Mozarts die Patenschaft. Die Wohnung Mozarts war sehr klein und lag im dritten Stock, die Jahresmiete betrug nur 150 Gulden, worauf Mozart noch einen Mietnachlass von 20 Gulden erhielt. Das Motiv für den Umzug in diese Wohnung dürfte die Möglichkeit gewesen sein, in diesem Haus, das über einen eigenen Konzertsaal verfügte, selbst Konzerte veranstalten zu können.

Carl Schütz, Der Graben 1781

September 1784 bis 24. April 1787: Große Schulergasse (1010 Domgasse 5) Das Haus, das jetzt als »Figarohaus« bekannt ist, führte zu Mozarts Zeiten die Bezeichnung Camesinahaus (Albert Camesina war ein Stukkateur, der das Haus innen mehrfach geschmückt hat, er arbeitete auch für Fischer von Erlach). Bei diesen Räumlichkeiten, welche sich im ersten Stock befinden, handelt es sich um die einzige Wiener Wohnung Mozarts, die erhalten geblieben ist. Sie besteht aus vier Zimmern, zwei Kabinetten und einer Küche. In den zweieinhalb Jahren, welche Mozart hier verbrachte, entstanden mehr und bedeutendere Werke als an irgendeinem anderen Ort. Neben Kammermusikwerken komponiert er elf Klavierkonzerte, das Hornkonzert, die C-Moll-Phantasie, »Das Veilchen«, sein einziges Lied nach einem Gedicht von Goethe, die Kantate »Davide penitente« mit dem Text von Lorenzo da Ponte und nicht zuletzt die Oper »Die Hochzeit des Figaro«.

Domgasse 5

In dieser Wohnung ist vom Februar bis April 1785 Vater Mozart zu Gast, aber auch Haydn kommt hierher. Hier hat Mozart wohl auch den jungen Ludwig van Beethoven empfangen. Von Haydn ist das bekannte Mozarts Vater gegenüber geäußerte Zitat erhalten: *»Ich sage Ihnen vor Gott, als ein ehrlicher Mann. Ihr Sohn ist der größte Componist, den ich von Person und dem Namen nach kenne; er hat Geschmack und überdies die größte Compositionswissenschaft«.* Mozarts Vater äußert sich hier lobend über die Hausfrau: *»Die Hauswirtschaft ist, was Essen und Trinken betrifft, im höchsten Grad öconomisch«* Damit kommt Leopold Mozart hinsichtlich seiner Schwiegertochter, der er ja ursprünglich skeptisch gegenüberstand, zu einer positiven Beurteilung.

24. April bis Dezember 1787: Landstraße (1030 Landstraßer Hauptstraße 75–77)

Landstraßer Hauptstraße 75–77

Dezember 1787 bis 17. Juni 1788: Tuchlauben (1010 Tuchlauben 27)

Von der Vorstadt Landstraße kommend übersiedelt Mozart hierher. Hier kommt die erste Tochter am 27. Dezember 1787 zur

Welt und wird nach der Patin, Frau von Trattner, in der Peterskirche auf den Namen Theresia Konstanzia Adelheid Friederike Maria Anna getauft.

17. Juni 1788 bis Anfang 1789: Währingergasse, Zu den drei Sternen, Gartenhaus (1090 Währinger Straße 26), Mozarts Tochter Theresia Konstanzia stirbt hier am 29. Juni 1788. Mozart komponiert hier die letzten drei Symphonien, Es-Dur (KV 543), G-Moll (KV 550) und C-Dur (KV 551), die Jupiter-Symphonie.

Währinger Straße 26

Anfang 1789 bis 29. September 1790: Judenplatz, Zur Mutter Gottes (1010, Judenplatz 4)

In diesem Haus kommt am 16. November 1789 Tochter Anna zur Welt, die am selben Tag stirbt. Es ist dies ein bescheidenes Quartier und nach der Schulerstraße der zweitlängste Aufenthalt Mozarts in einer Wohnung. In den Wintertagen 1789/90 entsteht hier die Oper »Cosi fan tutte«, die am 26. Jänner 1790 im Burgtheater ihre Uraufführung erlebt.

Der Judenplatz

30. September 1790 bis 5. Dezember 1791: Rauhensteingasse, Kleines Kaiserhaus (1010 Rauhensteingasse 8).

Am 30. September 1790 übersiedelt Konstanze Mozart während der Abwesenheit ihres Mannes (Mozart war in Frankfurt anlässlich der Krönung Leopolds II.) in das »Kleine Kaiserhaus« in der Rauhensteingasse. Die Wohnung umfasste vier Zimmer und eine Küche und muss als gutbürgerlich, repräsentativ bezeichnet werden und war auch dementsprechend teuer. Mozart hatte ein eigenes Billardzimmer, und ein Stall für das Pferd gehörte dazu. Am 4. Marz 1791 spielte er als Pianist im ersten Stock des Hauses in der Himmelpfortgasse (im Haus des jetzigen Café Frauenhuber). Am 9. Mai 1791 wird Mozart zum stellvertretenden unbesoldeten Kapellmeister von St. Stephan bestellt. Am 30. September 1791 erfolgte die Uraufführung der Oper »Die Zauberflöte« im Wiener Freihaustheater.

Aber auch noch andere bedeutende Werke entstehen hier: Das Klavierkonzert KV 595, das Streichquintett KV 614, die Freimaurerkantaten KV 619 und 623, das Klarinettenkonzert KV 622 und das nicht mehr vollendete Requiem KV 626. Über

Auftrag des Logenbruders Ignaz Alberti entsteht hier die »Liedersammlung für Kinder und Kinderfreunde« (KV 596–598), darunter befindet sich auch das populäre Lied »Komm lieber Mai und mache«.

Rauhensteingasse, »Kleines Kaiserhaus«

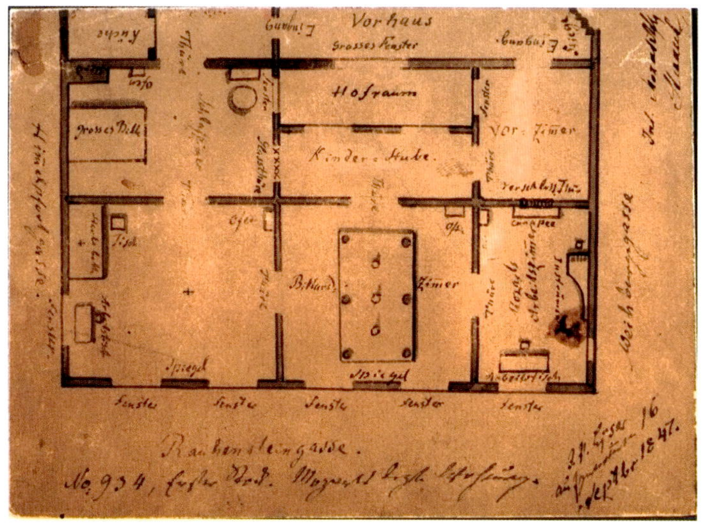

Grundriss von Mozarts Wohnung im »Kleinen Kaiserhaus«

Am 18. November 1791 dirigiert Mozart seine »Kleine Freimaurer-Kantate« zur Einweihung eines neuen Tempels der Loge »Zur neugekrönten Hoffnung«.

Am 20. November 1791 erkrankt er und legt sich zu Bett.

Ungarische Adelige verleihen Mozart eine jährliche Jahresgabe von 1000 fl. Holländische Musikfreunde bieten ihm eine noch höhere Pension an. Diese Nachricht trifft aber erst nach seinem Tod in Wien ein.

Wolfgang Amadeus Mozart stirbt am 5. Dezember 1791 um ein Uhr nachts.

Stephansdom, Katharinenkapelle (heute Taufkapelle)

Mozarts Leichnam wurde nach der Einsegnung in der Katharinenkapelle in der Stephanskirche, mit der im leopoldinischen Wien alle kirchlichen Zeremonien endeten, in den Abendstunden des 6. Dezember 1791 auf den vor der Stadt liegenden St. Marxer Friedhof überführt.

Grabdenkmal für Wolfgang Amadeus an der vermeintlichen Stelle seines Grabes am St. Marxer Friedhof

Die Beerdigung erfolgte entweder noch in den Nachtstunden oder wahrscheinlicher, erst am Vormittag des nächsten Tags in einem »allgemeinen einfachen Grab«. Das Grab hatte eine Bestandsdauer von zehn Jahren und wurde danach neu belegt.

Nach dem Sprachgebrauch der Zeit verstand man unter einem »allgemeinen« Grab eine für alle Bevölkerungsschichten ohne Ansehung des Stands übliche Begräbnisstätte, keinesfalls aber ein Armen- oder Massengrab.

Tapis (Logenteppich) Ende 20. Jh.
Entwurf und Ausführung: Manfred Ebster

STADTFÜHRER 3. Weg

Die Wiener Logenhäuser des 20. und 21. Jahrhunderts

Dorotheergasse 12

1698 wurde das hochbarocke Palais von Christian Alexander Oedtl für Carl Freiherrn von Häcklberg errichtet. 1710 kam es in den Besitz der Grafen Gatterburg.

Das sogenannte »Gatterburgsche Palais« hat eine lange freimaurerische Geschichte.

Ignaz von Born wohnte in der zweiten Hälfte des 18. Jahrhunderts hier im ersten Stock und richtete 1783 in seinen Räumen einen neuen Tempel für die Loge Zur wahren Eintracht ein.

Am 12. Juli 1791 starb Born in diesem Haus.

Am 10. Oktober 1899 zieht die Grenzloge Humanitas mit ihren Vereinsräumen in das Haus Dorotheergasse 12 und eröffnet auch mit Unterstützung der Grenzloge Eintracht, die einen wesentlichen Teil der Einrichtungsgegenstände zur Verfügung stellt, einen neuen Tempel. Mit der Gründung der Großloge von Wien nach dem Ende des Ersten Weltkriegs werden die Räumlichkeiten der Sitz der Großloge von Wien, der am 12. März 1938 von der SS gestürmt wurde. Die Räumlichkeiten wurden konfisziert und jedwede Aktivität verboten. Nach dem Ende des Zweiten Weltkriegs und der Aufhebung des Verbots konnte die Arbeit der Großloge wieder aufgenommen und bis Ende 1985 in den Räumen des ersten und zweiten Stockes durchgeführt werden.

Dorotheergasse 12, Tempel der Loge Kosmos

Dorotheergasse 12, großer Speisesaal

Rauhensteingasse 3

Ausländische Freimaurer, die Wien besuchen, wundern sich über die Macht der Großloge von Österreich, weil sie erreichen konnte, dass die Gasse, in der sich das Haus der Großloge befindet, nach einem der wichtigsten Symbole der Freimaurerei (dem Rauen Stein) benannt wurde. Eine schöne Geschichte, aber die Realität ist eine ganz andere. Das Logenhaus in der Dorotheergasse war zu klein geworden, der Umbau des Dachbodens hätte Millionen gekostet und es wären trotzdem nur gemietete Räume gewesen. So begann man sich Anfang der 80er Jahre über mögliche Kaufobjekte zu informieren.

Das Haus Rauhensteingasse 3 befand sich damals im Eigentum der Einkaufsgenossenschaft Konsum, diente dem Kaufhaus Steffl als Lagerhaus und es gab Pläne, es niederzureißen und an seiner Stelle einen Glaspalast mit Tiefgarage und Übergang zum Kaufhaus zu errichten. Finanzielle Schwierigkeiten des Konsum verhinderten zum Glück diese Pläne und ermöglichten der Großloge mit Hilfe eines langjährigen Kredites das Haus zu erwerben.

Und der Name Rauhensteingasse hat überhaupt nichts mit der Freimaurerei und deren hehren Symbolen zu tun. Auch nichts mit den Herren von Rauhenstein. Erstmals 1208 wird Ritter Otto aus dem Geschlecht der Turso, Herren von Rauhenstein und Rauheneck bei Baden erwähnt. Von diesem rührt nicht der Name der Rauhensteingasse her, wie irrtümlich angenommen wird, weil die Familie schon im 14. Jhdt. ausgestorben ist. . Bis ins 15. Jhdt. aber hieß die heutige Rauhensteingasse »Traibotenstraße«. An der Stelle des heutigen Hauses Nr. 10 wurde schon 1422 ein Schergenhaus mit der Hausbezeichnung »Zum rauen Steyn« erwähnt. Dieses Amtshaus mit dem Gefängnis im Keller hatte an der Eingangsseite eine mit »rauen Steinen« versehene Fassade, mit zwei Wächterhäusern aus Stein und einer riesigen Kreuzigungsgruppe. Wahrscheinlich eine Station bei kirchlichen Umgängen. Bis zum Abbruch im Jahre 1722 blieb der Name »Rauhenstein« für das Amtshaus über die Jahrhunderte erhalten. Kein Wiener sprach je gerne vom Gefängnis, man sagte, er ist im »Rauhenstein«. Diese »Kasematten«, anders konnte man das Gefängnis nicht nennen, waren viereckige Löcher aus Stein ohne jedes Tageslicht. Es gab lediglich eine »Strohmatte« zum Schlafen und von diesen Strohmatten stammt der Spruch »Er liegt auf der Tacken!«. Dieser Ausdruck hat sich bis heute erhalten. Die heutige Rauhensteingasse ist wohl eine der ältesten Gassen von Wien. Trotz der Kürze des kleinen Gässchens hatte es bereits in früherer Zeit mehrere Namen. Von der Weihburggasse weg finden wir die Bezeichnung »Auf der Taghken«, (nach den Strohmattenmachern, die hier schon 1314 ihr Handwerk betrieben), der Mittelteil wurde Traibotenstraße genannt (nach dem damals gebräuchlichen Männernamen Traiboto), später falschlich Trabantenstraße und das letzte Stück bei der Himmelpfortgasse hieß »Am Steig«. Erst im 15. Jahrhundert erscheint der Name Rauhensteingasse, nach dem schon 1422 erwähnten Haus »Der Rauche Steyn«.

Verhörraum im »rauen Steyn«

Das Amts- und Gerichtshaus in der Rauhensteingasse. (Seite 162.)

Die Rauhensteingasse Anfang des 18. Jahrhunderts. Rechts das Gefängnis, auch Sitz des Scharfrichters von Wien mit der Kreuzigungsgruppe. Links das Kloster »St. Agnes zu den Himmelpforten«.

Das Himmelpfortkloster von oben

Das Himmelpfortkloster

Die Sage über die Entstehung des Namens »Zur Himmelpforte« für dieses Kloster erzählt: *»Eine junge Nonne erlag ihren Träumen von der schönen Welt. Sie legte den Pfortenschlüssel, den sie als Pförtnerin hüten sollte, unterhalb des Bildes der Jungfrau Maria nieder und floh aus dem Kloster. Zehn Jahre später kehrte sie, die alle Mühsal und Widrigkeiten der Welt erlebt hatte, ins Kloster zurück. Sie warf sich vor die Füße der Schwester Oberin und gestand unter Tränen ihre Verfehlung. Die Oberin und die Mitschwestern waren darob erstaunt, hatten sie sie* *doch täglich, zehn Jahre hindurch, an der Pforte gesehen. Plötzlich fiel einer der Schwestern die Ähnlichkeit mit dem gemalten Bild der Jungfrau Maria neben der Pforte auf. Nun wussten die Nonnen, dass die Jungfrau Maria zehn Jahre lang Dienst für sie an der Pforte versehen hatte.«* Seit damals hieß das Kloster »Zur Himmelpförtnerin«. Der heute noch mittelalterlich wirkende Verlauf der Rauhensteingasse und insbesondere der angrenzenden gekrümmten Ballgasse signalisiert schon rein optisch das hohe Alter der Straße und der Gebäudeteile. Im 12. Jhdt. steht außerhalb der Stadtbefestigung, südlich von St. Stephan, die Weihburg im geistlichen Besitz. Bis in die Spätgotik hieß die Umgebung »In der Weihenburg«. Die Weihburg einbeziehend gründete Constantia, Tochter Bélas III., Königs von Ungarn, im Jahre 1230 das Kloster »St. Agnes zu den Himmelpforten«, welches bis zur Klosteraufhebung durch Joseph II. bestand. Im 16. Jhdt. hieß noch die ganze Gegend »Bei den Himmelpforten«

Das Haus Rauhensteingasse Nr. 3

Die alte Hausnummer 927 der Inneren Stadt identisch mit Blumenstockgasse 2 und Ballgasse 1 war bis 1782 Teil des Himmelpfortklosters. Nach den Klosteraufhebungsbestimmungen Josephs II. kam es 1783 zur Aufhebung auch dieses Klosters. Mit dem Abbruch der Kirche und von Teilen des Konventgebäudes wurde 1784 begonnen und das Gebiet neu parzelliert. Auf dieser Fläche wurden sieben Wohnhäuser errichtet, wobei die neuen Parzellen durch Verschwenken der Ballgasse aufgeschlossen wurden.

Eine dieser Parzellen wurde vom bürgerlichen Baumeister Josef Gerl erworben und 1787 um Bewilligung für den Bau eines viergeschossigen Wohnkomplexes angesucht. Nach Aussage der Pläne sollte nur die straßenseitige Hälfte des Traktes an der Ballgasse (an Stelle des ehemaligen Klosterkreuzganges) und der mittlere Bereich an der Blumenstockgasse völlig neu errichtet werden. Da jedoch gerade in der Blumenstockgasse die Straßenfassade eine altertümliche Fassadenausbildung mit deutlich kleineren Fensterformaten aufweist, scheint man sich letztlich auch hier zur Erhaltung des Altbestandes entschlossen zu haben. Die übrigen Hauptmauerzüge sind im Wesentlichen übernommen, ebenso der Bereich der Hofeinfahrt mit der Treppe, und an der Hofseite rechts der Raum der St. Xaverius-Kapelle. Hier, im Erdgeschoß des nunmehr Gerlschen Hauses etablierte sich die van Ghelensche Offizin, eine der bedeutendsten Buchdruckereien Alt-Wiens. Die Zeitung »Wiener Diarium« wurde hier gedruckt. Daraus entstand die »Wiener Zeitung«, die 1858 von der Familie Ghelen an die Stadt Wien verkauft wurde.

Zwischen 1823 und 1826 entspann sich zwischen der hier wohnenden, schönen Marie Smalenitz und dem in der Ballgasse gegenüber wohnenden Franz Grillparzer eine literarisch erwähnte Beziehung.

Die umgebenden Häuser

Das Haus Rauhensteingasse Nr. 1, das Eckhaus zur Weihburggasse war zweigeschoßig. Ein großer Garten, etwa an der heutigen Ecke Ballgasse – Blumenstockgasse, sorgte für die notwendige frische Luft. 1828 wurde das gegenwärtige Haus auf 545 m^2 neu errichtet.

Die Häuser Rauhensteingasse Nr. 5 und 7

Alte Hausnummern 932 und 949 stehen auf dem Grund des ehemaligen Klosters.

Das Haus Rauhensteingasse Nr. 8

Heute Mozarthof, wurde etwa um 1410 erstmals erwähnt. 1478 »Zur blauen Kugel«, wahrscheinlich ein Gasthaus, 1670 »Zur goldenen Kugel«, 1729 »Zum goldenen ABC«. Später eine üble Branntweinschenke. Letzte Erwähnung 1778 als »kleines Kaiserhaus«. Am 5. Dezember 1791 starb hier W. A. Mozart. 1847 wurde an dieser Stelle das heutige Haus errichtet, dessen Erbauer Pietro di Galvagni im Stiegenhaus eine Büste von Mozart, im Hausflur eine Büste Donizettis, an der Außenseite des Hauses Büsten von Cherubini, Beethoven, Haydn, Gluck, Weber und Rossini, alle von Bildhauer Johann Baptist Feßler, anbringen ließ.

Rauhensteingasse 8 Das »Kleine Kaiserhaus«

Die Rauhensteingasse

Das wegen seines Biers berühmte Bierhaus »Zum alten Blumenstöckl« befand sich im Haus Nr. 3. Der Geheimbund »Ludlamshöhle«, benannt nach dem Schauspiel »Ludlamshöhle« des dänischen Dichters Adam Oehlenschläger, hatte seinen Sitz in diesem Lokal. Gleichgesinnte junge Menschen trafen sich dort: *»Es hat nie und nirgends eine fröhlichere, lebenslustigere und dabei doch auch harmlosere Gesellschaft gegeben als die sogenannte Ludlamsgesellschaft in Wien. Ihr Ruf verbreitete sich auch im Auslande durch die vielen Fremden, welche in ihr freundliche Aufnahme fanden und in ihrem Kreise die angenehmsten Stunden ihrer Anwesenheit genossen; und dieser Ruf wurde durch die ungeschickte und mit der höchsten Lächerlichkeit von der damaligen Polizeistelle vorgenommenen Auflösung derselben noch vergrößert. Sie zählte die vorzüglichsten künstlerischen Notabilitäten zu ihren Mitgliedern; man hat sich nirgends heimischer gefühlt als zwischen den vier weiß übertünchten Wänden dieser Schenke und auch die Furchen auf den Stirnen der größten Misanthropen glätteten sich bei den mitunter geistreichen, mitunter auch bloß barocken Scherzen, welche hier vorgebracht wurden. Hier hatten die Abendstunden Flügel.«*

So wurden nach und nach Grillparzer, Zedlitz, Rückert, Holtei, Saphir, Seidl, Anschütz, Aßmayer, Gyrowetz, Salieri, C. M. v. Weber, Benedict, Holbein, Rellstab u. a. Mitglieder der Ludlam. Das Haus Rauhensteingasse Nr. 6, wo 1831 Grillparzer wohnte, wurde 1944 durch Bomben zerstört und als Teil des Kaufhauses daneben in den 80er Jahren des 20. Jahrhunderts wieder errichtet.

Das Haus Rauhensteingasse Nr. 4 mit der alten Nr. 938 ist das älteste Haus der Gasse und stammt in seiner jetzigen Gestalt größtenteils aus der Zeit vor der zweiten Türkenbelagerung Wiens, ist in seinem Bestand aber weitaus älter. Sicher ist, dass seit 1421 in dem Hause das Bäckergewerbe ausgeübt wurde, und bis zum Sommer 2018 gab es in diesem Haus eine Bäckerei.

Im Innenhof dieses Hauses befindet sich die Buchhandlung »Zum rauhen Stein«. Man kann hier nicht nur eine große Auswahl masonischer Bücher finden, auch freimaurerische Regalien und vielerlei Geschenkideen für Freimaurer.

Hauseingang

Das Haus Rauhensteingasse Nr. 2

Identisch mit Weihburggasse 4. Es ist ein nach 1870 errichtetes Gebäude.

Im Haus Rauhensteingasse 3 befinden sich insgesamt 12 Tempel und ebenso viele Speisesäle. Zwei weitere Tempel und Speisesäle sind im Haus Rauhensteingasse 1. Dort befinden sich auch Bibliothek und Archiv.

Rauhensteingasse 3, Großer Tempel

ANHANG

Biographien Wiener Freimaurer

ALTMANN, LUDWIG (* 24. März 1887 Wien, † 19. Jänner 1945 New York) Dr. jur., Rechtsanwalt, emigriert am 14. April 1939 über England in die USA; aufgenommen 1920 in die Loge Kosmos. 1944 Gründungsmitglied der Humanitas Lodge No. 1123 in New York.

ALXINGER, JOHANN BAPTIST (ab 1794) Edler von (* 24. Jänner 1755 Wien, † 1. Mai 1797 Wien), Dr. jur., ab 1782 k. k. Hofagent, Schriftsteller, Lyriker, ab 1796 Sekretär am k. k. Hoftheater, aufgenommen 1779 in die Loge Zum Hl. Joseph, affiliiert 1785 in die Loge Zur Wahren Eintracht, 1786 in der Sammelloge Zur Wahrheit und 1790 in die Loge Zum Hl. Joseph.

ARTARIA, PASQUALE (* 1755 Norditalien, † 1786 Lago Maggiore [Oberitalien/Schweiz]) Kupferstich- und Kunsthändler. Die Familie Artaria, Pasquale mit seinem Onkel und zwei Vettern war um 1770 nach Wien übersiedelt und hatte die priv. Kunsthandlung Artaria & Comp. gegründet. Aufgenommen ca. 1782 in die Loge Zur Gekrönten Hoffnung, ab 1786 Mitglied der Sammelloge Zur Neugekrönten Hoffnung.

AYRENHOFF, CORNELIUS HERMANN von (* 28. Mai 1733 Wien, † 15. August 1819 Wien) Studium der französischen Literatur, anschließend Eintritt in die Armee, ab 1769 k. k. Major, k. k. Oberstleutnant im Infanterie-Regiment Hildburghausen, ab 1776 k. k. Oberst im Infanterie-Regiment Karl Graf Colloredo, ab 1783 k. k. Generalmajor, ab 1787 Leiter sämtlicher Invalidenkorps, ab 1794 k. k. Feldmarschall-Leutnant, ab 1766 auch Schriftsteller und Dramatiker. Aufgenommen 1783 in die Loge Zur Hoffnung, wechselt 1784 in die Loge Zur Wahren Eintracht. Deckt 1787.

Bacciochi, Johann Christian Thomas (* 1740) Hauptzollamts-Warenrevisor, gehörte zu einem Kreis Wiener Adepten und Alchemisten, ist auch ein führender Gold- und Rosenkreuzer; 1770 Gründungsmitglied der Loge Zur Hoffnung, 1771 ausgeschlossen, 1771 Aufnahme in die Loge Zum Hl. Joseph, 1773 Gründungsmitglied der Loge Zu den 3 Schwertern. Illuminat.

Batthyány-Strattmann, Adam Wenzel Leopold Joseph Johann Nepomuk Rupprecht Graf (ab 1772) Reichsfürst (* 27. März 1722 Wien, † 25. Oktober 1787 Rovereto [Italien]) k. k. Kämmerer, k. k. Wirklicher Geheimer Rat, ab 1750 k. k. Oberst des Banal-Grenzregiments, ab 1751 k. k. Generalmajor, ab 1752 k. k. General-Feldwachtmeister, ab 1756 Inhaber des 34. Infanterie-Regiments, ab 1758 k. k. Feldmarschall-Leutnant, ab 1761 k. k. General-Feldzeugmeister, höchst interessiert an der Alchemie; wurde in eine Prager Loge aufgenommen, affiliert 1775 in die Loge Zu den drey Adlern, auch Mitglied der Loge Kasimir Zu den drey gekrönten Sternen und drey gekrönten Säulen in Prag, 1776–81 Mitglied der Loge Zum Palmbaum, 1781–82 der Loge Zu den drey Adlern und Zum Palmbaum, später Mitglied der Loge Zur Großmut in Pest (Ungarn), »Asiatischer Bruder«.

Blumauer, Aloysius Johannes (* 21. Dezember 1755 Steyr [OÖ], † 16. März 1798 Wien) zunächst bis 1773 ein Jahr Novize im Orden der Jesuiten, danach Privatlehrer, ab 1774 Studium an der philosophischen Fakultät der Wiener Universität, ab 1780 Mitarbeiter der k. k. Hofbibliothek, 1782–93 k. k. Bücherzensor, Schriftsteller, Lyriker und Dramatiker, übernimmt 1786 zunächst Anteile an der Gräffer'schen Buchhandlung und dem Verlag und am 27. Juni 1792 schließlich den gesamten Betrieb der jedoch später in Konkurs geht, im Juli 1794 vorübergehend als Jakobiner verdächtigt, stirbt völlig verarmt. Aufgenommen 1782 in die Loge Zur Wahren Eintracht, ab 1786 Sammelloge Zur Wahrheit, Illuminat.

Böhm, Oskar (* 26. Mai 1877 Wien, † 30. Oktober 1951 Wien) Dr. jur., Oberbaurat bei der Südbahn, Gebäudeverwalter, Neffe von Großmeister Richard Schlesinger; aufgenommen 1924 in die Loge Zukunft, ab 1928 Doppelmitglied in der Grazer Loge Wolfgang Amadeus Mozart, am 28. Juli 1945 einer der 48 Teilnehmer am ersten Treffen nach dem Krieg, ab 1945 in der Sammelloge Humanitas Renata, ab 1946 wieder Mitglied der Loge Zukunft.

Born, Ignaz (ab 1768) Edler von (* 26. Dezember 1742 Carlsburg [Siebenbürgen], † 25. Juli 1791 Wien) 1761 Novize im Orden der Jesuiten, studierte ab 1762 in Prag und an der Bergakademie in Schemnitz, ab 1770 Bergrat und Beisitzer im Obersten Münz- und Bergmeisteramt in Prag, gründet etwa zur selben Zeit die »Privatgesellschaft zur Aufnahme der Mathematik, der vaterländischen Geschichte und der Naturgeschichte«, lebt nach einer Berufung durch Maria Theresia ab 1776 endgültig in Wien, zunächst als Kustos am kaiserlichen Naturalienkabinett mit dem Auftrag, dieses zu ordnen, ab 1779 k. k. Wirklicher Hofrat bei der Hofkammer für Münz- und Bergwesen, Mineraloge, Geologe, Paläontologe, Schriftsteller (»Die Staatsperücke« [1771], »Neueste Naturgeschichte des Mönchtums, beschrieben im Geiste der Linnäischen Sammlungen« [1783], »Kuttenpeitscher« [1784]), Vorbild für Sarastro in Mozarts »Zauberflöte«; aufgenommen in eine nicht bekannte Loge in Prag (vermutlich Loge Zu den drey gekrönten Säulen), affiliert 1781 in die Loge Zur Wahren Eintracht, sein Bürge ist Angelo Soliman, 1782–85 Stuhlmeister, 1782 Einführung der sogenannten Baustücke in die Logenarbeit, Gründer des »Journal für Freymaurer«, 1784 Mitglied der Distrikts-Loge Zur Wohltätigen Eintracht, 1784 Großsekretär der Großen Landes-Loge von Österreich. 1785 Gründungsmitglied der Sammelloge Zur Wahrheit, 1785–86 Stuhlmeister, gedeckt 1786, Illuminat (Ordensname »Furius Camillus«).

Brukenthal, Carl Samuel (bis 1724 Brekner) (ab 1761) Freiherr von (*1721 Leschkirch [rum. Nocrich] bei Hermannstadt [Siebenbürgen], † 18. Dezember 1803 Hermannstadt) zunächst Kanzlist in Hermannstadt, lebt 1742/43 in Wien, ab 11. Mai 1743 in Halle/Salle als stud. jur. inskribiert, ab 1753 wieder in Wien, ab 1754 Gubernialsekretär, ab 11. Jänner 1762 Provinzialkanzler von Siebenbürgen und Wirklicher Gubernialrat, ab 1765 Leiter der siebenbürgischen Hofkanzlei, ab 1767 Geheimrat, ab 1774 Bevollmächtigter Kommissär und Vorsitzender des Guberniums Siebenbürgen, ab Juli 1777 Gubernator von Siebenbürgen mit Sitz in Hermannstadt, ab 9. Jänner 1787 pensioniert, errichtet in Hermannstadt ein Museum mit mehr als 1.000 Gemälden, eine Bibliothek mit annähernd 20.000 Bänden, ein Mineralienkabinett und ein Münzkabinett. Aufgenommen 1743 in die Loge Aux Trois Canons, ab 1743 Schottischer Meister in der Berliner Loge L'Union, Besucher der Loge Aux Trois Globes, gründet 1743 in Halle/Saale die Loge Aux Trois Clefs d´Or (Zu den 3 goldenen Schlüsseln) unter dem Schutz der Großloge Aux Trois Globes in Berlin.

Coudenhove-Kalergi, Richard Nikolaus Graf (* 16. November 1894 Tokio [Japan], † 27. Juli 1972 in Schruns [Vorarlberg]) Dr. phil., Schriftsteller (u. a. »Paneuropa« [1923]), 1923 in Wien Gründer und bis zu seinem Tod Präsident der Paneuropa-Bewegung, 1926 Veranstalter des ersten Paneuropa-Kongresses, im März 1938 Emigration in die Schweiz, 1940 in die USA, Professor für Geschichte in New York, 1946 Rückkehr nach Europa, ab 1947 Generalsekretär der Europäischen Parlamentarier-Union. Aufgenommen 1922 in die Loge Humanitas. Beendete seine Mitgliedschaft 1926.

Doppler, Karl (* 19. April 1887 Wien, † 6. Juli 1947 Wien) Dr. med., Facharzt für Chirurgie, als Arzt zur deutschen Wehrmacht eingezogen, später wegen seiner Stellung in der FM als »wehrunwürdig« erklärt und noch 1944 zweimal von der SS über die

FM verhört. Aufgenommen 1925 in die Loge Humanitas, wird 1935 zum Deputierten Großmeister der Großloge von Wien gewählt, beruft für den 28. Juli 1945 als höchster, den 2. Weltkrieg überlebt habender Funktionär der Großloge von Wien die erste Versammlung aller erreichbaren Brüder ein, gründet an diesem Tag die Sammelloge Humanitas Renata, wird am 4. August 1945 zum Großmeister gewählt.

Draskovic von Trakostyán, Kazimir Josip Graf (* 4. März 1714 Schloss Trakostyán (Kroatien), † 9. November 1765) k. k. Major im Regiment Forgács, k. k. Oberstleutnant, k. k. Oberst, k. k. Generalmajor, ab 1753 k. k. Generalfeldwachtmeister, ab 1758 k. k. Feldmarschall-Leutnant, ab 1763 k. k. General-Feldzeugmeister. Aufgenommen 1743 in die Loge Aux Trois Canons.

Ecker und Eckhoffen, Hans Heinrich Freiherr von (* 1. August 1750 Luxemburg, † 14 August 1791 Braunschweig [Niedersachsen]) zunächst Offizier, danach Kämmerer, Wirklicher Geheimrat und königlich-polnischer Geheimrat, Schriftsteller (u. a. »Freimäurerische Versammlungsreden der Gold- und Rosenkreutzer des alten Systems« [1779], »Abfertigung der authentischen Nachrichten von den Ritter und Brüder-Eingeweihten in Asien« [1787], »Werden und können Israeliten zu Freymaurern aufgenommen werden?« [1788]), Ritter des (den Gold- und Rosenkreuzern nahestehenden) 1755 gegründeten St. Joachims-Ordens; etwa 1770 aufgenommen in Berlin als Gold- und Rosenkreuzer, 1780 Gründungsmitglied der Loge Zu den 7 Himmeln, gründet in dieser Zeit als ehemaliger (»wegen Mangel an Gehorsam und Verträglichkeit« ausgeschlossener) Gold- und Rosenkreuzer gemeinsam mit seinem Bruder Hans Carl und mit Franz Thomas Schönfeld den »Orden der Brüder Sankt Johannes des Evangelisten aus Asien in Europa«, später in der Kurzform als »Asiatische Brüder« bezeichnet (ein von den Gold- und Rosenkreuzern abgeleitetes fünfstufiges Hochgradsystem mit kabbalistischen, gnostischen und alchemistischen Elementen, in das nicht nur wie zu dieser Zeit üblich Christen, sondern auch Juden und Muslime aufgenommen werden können), muss jedoch bereits um die Jahreswende 1781/82 wegen finanzieller Auseinandersetzungen und einem drohenden Ausschlussverfahren aus Wien fliehen.

Fischer, Ignatz Joseph (* ca. 1739 Sommershausen [heute Baden-Württemberg], † 18. Jänner 1798 Wien) zunächst Kompanie- bzw. Regiments-Chirurg, danach bis 1751 Studium der allgemeinen Medizin in Wien, ab 1760 k. k. Hofchirurg und Arzt beim Oberststallmeisteramt, aufgenommen 1760 in die Loge Zu den 3 Cedern in Erlangen (Bayern), affiliiert 1776 in die Loge Zur Gekrönten Hoffnung, 1781 einer der Initiatoren zur Gründung der Großen Landesloge von Österreich, 1781 Gründungsmitglied der Loge Zur Wahren Eintracht, gedeckt 1782.

Fried, Alfred Hermann (* 11. November 1864 Wien, † 4. Mai 1921 Wien) Dr. phil. h. c. (1913 Universität Leyden), Buchhändler, pazifistischer Publizist und Schriftsteller, aktiver Esperanto-Befürworter und Autor eines entsprechenden Lehrbuchs, 1892 Mitbegründer der Deutschen Friedensgesellschaft, 1892–99 gemeinsam mit Bertha von Suttner Herausgeber der Zeitschrift »Die Waffen nieder!« (ab 1899 »Die Friedenswarte«, 1915–18 »Frankfurter Hefte«), Mitglied der Zentralkommission des Berner Internationalen Friedensbüros, 1911 Träger des Friedensnobelpreises, ab 1914 Nachfolger von Bertha von Suttner als Präsident der Österreichischen Friedensgesellschaft, flüchtet 1914 wegen Androhung eines Hochverratsprozesses in die Schweiz und lebt und arbeitet dort bis 1918, das Vermögen in Österreich wird beschlagnahmt, er übersiedelt 1919 nach München und muss von dort wegen seiner Kritik an den Friedensverträgen wieder nach Wien zurückkehren, wo er völlig verarmt stirbt. Aufgenommen 1908 in die Grenzloge Sokrates. Die Urne mit seiner Asche wird im Wiener Logenhaus Dorotheergasse 12 aufbewahrt, bis sie schließlich 1925 in der Ehrenhalle des Wiener Krematoriums beigesetzt wird.

Freuder, Norbert (* 19. Juni 1896, † Dezember 1978 Los Angeles [Kalifornien, USA]) Journalist im Verlag Ullstein. Aufgenommen 1928 in die Loge Goethe, emigriert in die USA (Kalifornien), dort Sales Representative; im Exil Mitglied des freimaurerischen Kränzchens Fraternitas in Los Angeles.

Fries, Johann Joseph (ab 1752) Edler von (ab 1756) Ritter von (ab 1762) Freiherr von (ab 1783) Graf (* 7. Mai 1719 Mülhausen [Mulhouse, Elsass], † 19. Juni 1785 Bad Vöslau [NÖ] im Schlossteich ertrunken, möglicherweise Freitod) k. k. Kommerzienrat, ab 1771 k. k. Hofrat, entstammt einer Schweizer Patrizierfamilie, zunächst Bürgermeister von Zürich, ab 1751 Gründer einer Barchentfabrik in Fridau (NÖ), einer Seidenfabrik in Wien-Döbling, einer Wollzeugfabrik in Böhmen und einer Messingfabrik in Weißenbach an der Triesting (NÖ), besitzt 1752–76 das Privileg für die Prägung und den Vertrieb des Maria-Theresien-Talers und bringt diesen als Zahlungsmittel in den Orient, 1759–83 k. k. Bergwerks-Produktenverschleiß. 1782/84 Erbauer des heutigen Palais Pallavicini am Josephsplatz in Wien, 1766 Gründer des Bankhauses Fries & Co. gilt als einer der reichsten Männer Wiens. Er wurde 1761 in die Loge Die Freigiebigen aufgenommen und war 1771 Gründungsmitglied der Loge Zum Hl. Joseph.

Gemmingen zu Hornberg, Otto Heinrich Reichsfreiherr von (* 5. November 1755 Heilbronn [heute Baden-Württemberg], † 15. März 1836 Heidelberg [heute Baden-Württemberg]) Erbherr auf Hoffenheim, studiert Jura, 1779 Hofkammerrat am kurpfälzischen Mannheimer Hof, Schriftsteller, Bühnenautor (u. a. »Der deutsche Hausvater« [1779]), Laienschauspieler und -musiker, Übersetzer (u. a. »Pygmalion« von Rousseau) ab 1763 langjähriger Freund W. A. Mozarts seit dessen Aufenthalt in

Mannheim (beide schaffen das heute verschollene gemeinsame Werk »Semiramis«). Gemmingen war mit dem großen freimaurerischen Reformer Friedrich Ludwig Schröder befreundet. Er übersiedelt von 1781 bis 1787 zum ersten Mal nach Wien, war u. a. Redakteur (1783–84 »Die wöchentlichen Wahrheiten«), Herausgeber (Wochenzeitung »Weltmann«, »Magazin für Wissenschaft und Kunst«, »Wiener Ephemeriden«), lebt 1797–1805 zum zweiten Mal als außerordentlicher Gesandter und bevollmächtigter Minister des badischen Markgrafen in Wien. Aufgenommen ca. 1779 in die Loge Carl zur Eintracht in Mannheim, affiliiert. 1782 in die L Zur Gekrönten Hoffnung, beendet seine Mitgliedschaft 1783 und wird im gleichen Jahr Gründungsmitglied der Loge Zur Wohltätigkeit. 1783–85 Meister vom Stuhl, ab 1786 in der Sammelloge Zur Neugekrönten Hoffnung, 1784 Distrikts-Sekretär und Mitglied der Distriktsloge Zur Wohltätigen Eintracht, Mitglied der Strikten Observanz, »Asiatischer Bruder«, Illuminat.

GIESECKE, CARL LUDWIG (* 6. April 1761 Augsburg [Bayern], † 5. März 1833 Dublin [Irland]) Beginn des Studiums als Jurist, dann Studium der Dichtkunst und der Naturkunde, speziell der Mineralogie, ab 1789 Wanderschauspieler, Tänzer und Bühnenautor (mehr als zwanzig Theaterstücke für die Alt-Wiener Volkskomödie!), 1789–1800 am Freihaustheater auf der Wieden in Wien kurz unter der Direktion von Johann Friedel und wenig später von Emanuel Schikaneder, Librettist (neben mehr als 15 Libretti wird auch die Mitarbeit am Libretto der »Zauberflöte« kolportiert), ab 1804 auf Reisen in Deutschland, preußischer Bergrat, Mineralienhändler und Mineraloge, 1806–13 auf Reisen als Polarforscher in Grönland und Island, worüber auch umfangreich publiziert wird, ab 1814 Universitäts- Professor für Mineralogie in Dublin, Mitglied der Royal Academy, übereignet einen Teil seiner Grönland-Sammlung dem Museum für Völkerkunde in Wien. 1790–93 Mitglied der Loge Zur Gekrönten Hoffnung.

Gondola, Joseph Franz Sigismund Graf (* 16. Dezember 1711 Wien, † 5. März 1774 Probstdorf [NÖ]) Theologe, ab 1735 Priester, ab 1751 Weihbischof in Paderborn, ab 1773 Direktor und Präses der Theologischen Fakultät der Universität Wien, Pfarrer von Probstdorf. Aufgenommen 1742 in die Loge Aux Trois Canons, leitet ab 28. Jänner 1743 die Loge in Vertretung des Meisters vom Stuhl.

Hanusch, Ferdinand (* 1866 Oberdorf bei Wigstadtl [österr. Schlesien], † 1923 Wien); gelernter Seidenweber, sozialdemokratischer Politiker, Schriftsteller (Romane, Erzählungen, Sachbücher und Bühnenstücke mit sozialen Themen), ab 1897 Gewerkschaftssekretär in Sternberg, ab 1900 Sekretär der Union der Textilarbeiter in Wien, 1907–1918 sozialdemokratischer Abgeordneter zum Reichsrat, 1918–20 Mitglied der provisorischen Nationalversammlung, 1920–23 Abgeordneter zum Nationalrat, 1918–20 Erster Staatssekretär für soziale Fürsorge, Reformer des gesamten Sozialrechts, u. a. Initiator des Achtstundentages, eines Urlaubsgesetzes für Arbeiter und eines Betriebsrätegesetzes, ab 1921 Direktor der Wiener Arbeiterkammer. Aufgenommen 1908 in die Grenzloge Lessing Zu den 3 Ringen, sein Bürge war Adolf Ruzicka.

Haydn, Franz Joseph (* 1732 Rohrau an der Leitha [NÖ], † 1809 Wien-Gumpendorf) Komponist (u. a. 107 Symphonien, 68 Streichquartette, 24 Opern, 14 Messen und 52 Klaviersonaten), 1740–49 Sängerknabe im Dom zu St. Stephan in Wien, Korrepetitor, 1759 Kapellmeister bei Karl Joseph Franz Graf Morzin (1717–83) in Böhmen, ab 1761 zunächst zweiter Kapellmeister, ab 1766 erster Kapellmeister bei Paul Anton Fürst Esterházy und danach bis zu dessen Tod im Jahr 1790 bei Nikolaus Joseph Fürst Esterházy, 1791–92 und 1794–95 Reisen nach England, Ehrenbürger der Stadt Wien (ab 1804). Aufgenommen am 11. Februar 1785, den ursprünglich vorgesehenen Termin 28. Jänner versäumt Haydn durch verspätete Benachrichtigung, in die Loge Zur Wahren Eintracht, danach abwesender

Bruder. Eine weitere Teilnahme an Logenarbeiten nach seiner Aufnahme ist weder im In- noch im Ausland dokumentiert und daher sehr unwahrscheinlich.

Herz, Max (* 3. April 1865 Neutitschein [Mähren], † November 1945 San Francisco [USA]) Dr. med., Obermedizinalrat, Internist, Privatdozent, Schriftsteller (»Die Freimaurer«, Komödie in drei Akten [1924]), aufgenommen 1920 in die Loge Kosmos, emigriert 1939 über England in die USA, im Exil kurz Obmann des unter dem Schutz der New Yorker Humanitas Lodge No. 1123 stehenden freimaurerischen Kränzchens Bay Area in San Francisco, 1945 auswärtiges Mitglied der Loge Zukunft.

Hessen-Rheinfels-Rotenburg, Ernst Konstantin Prinz von (* 24. Mai 1716 Rotenburg, † 30. Dezember 1778 Schloss Wildeck bei Rotenburg) zunächst Geistlicher, danach in russischen Militärdiensten, später k. k. Major im Regiment Forgács, ab 1739 k. k. Generalfeldwachtmeister, ab 1757 k. k. Feldmarschall-Leutnant. Aufgenommen 1742 in die Loge Aux Trois Canons.

Hilchenbach, Karl Wilhelm (* 19. April 1749 Frankfurt/Main, † 13. April 1816 Wien) reformierter Theologe, studiert bis 1774 in Göttingen und Marburg, 1776–1783 evangelischer Prediger an der holländischen Gesandtschaft in Wien in der Nachfolge von Johann Friedrich Mieg, nach dem im Oktober 1781 erfolgten Toleranzpatent Josephs II. 1782–1816 erster Pastor der in Wien neu gegründeten Evangelischen Gemeinde HB, ab 1786 k. k. Konsistorialrat und Superintendent der Wiener und der Triester reformierten Gemeinde, 1794 Mitbegründer der evangelischen Schule, 1804 Beisitzer der Wohltätigkeits-Hofkommission, Gründer der ersten Lesegesellschaft in Wien, ab 1806 Bezirks-Armendirektor. Aufgenommen 1782 in die Loge Zur Wahren Eintracht, 1785 Gründungsmitglied der Sammelloge Zur Wahrheit.

Hoditz und Wolframitz, Albert Joseph Reichsgraf von (* 17. Mai 1706 Rosswalde bei Hotzenplotz [Österreichisch-Schlesien, heute Tschechien], † 18. März 1778 Potsdam [Brandenburg]) Gutsbesitzer, Kämmerer Kaiser Karls VI., 1742 für kurze Zeit Kommandant eines Husaren-Regiments, befreundet mit Friedrich II. Aufgenommen 1742 in die Loge Aux Trois Squelettes in Breslau, 1742 im Auftrag der Breslauer Loge Aux Trois Squelettes Gründer der Loge Aux Trois Canons in Wien.

Holzer, Johann Baptist (* 17. Mai 1753 Korneuburg [NÖ], † 7. September 1818 Wien) Pianist, Komponist von Liedern und Singspielen sowie freimaurerischer Musik, wird als Komponist mit seiner um 1784 entstandenen freimaurerischen Melodie »Im Namen der Armen« ebenso wie die auch Mozart zugeschriebene Melodie »Lasst uns mit geschlung'nen Händen« (KV 623 a) mit der Melodie der heutigen Österreichischen Bundeshymne in Verbindung gebracht; aufgenommen 1783 in die Loge Zur Wahren Eintracht, ab 1786 Mitglied der Sammelloge Zur Wahrheit.

Hoyos, Johann Ernst Heinrich Kajetan Ludwig Graf (* 14. Jänner 1718 Wien, † 25. August 1781 Schloss Frohsdorf [NÖ]) Majoratsherr von Frohsdorf (NÖ), aufgenommen 1743 in die Loge Aux Trois Canons. Wird bei der Aushebung der Loge am 7. März 1743 festgenommen und schwört danach, nie wieder bei Hof zu erscheinen.

Jakobi, Friedrich Constantin von (?) königlich-preußischer Resident am k. k. Wiener Hof; 1770 als Schottischer Meister Gründungsmitglied der Loge Zur Hoffnung, ab 1776 in der Loge Zur Gekrönten Hoffnung, 1776 Meister vom Stuhl, beendet seine Mitgliedschaft 1781.

Kapralik, Adolf (* 4. Februar 1857 Czernowitz [Bukowina], † 25. November 1937 Wien) Dr. phil., sprachwissenschaftlicher Privatgelehrter, Privatlehrer, Schriftsteller, Mitglied einer Wiener B'nai B'rith-Loge; aufgenommen 1911 in die Grenzloge Humanitas. Mitglied der Wiener Landesgruppe des Vereins deutscher Freimaurer, 1915–18 Stuhlmeister. 1918–34 Deputierter Großmeister der Großloge von Wien mit führender Rolle bei der Gründung und weiteren Entwicklung der Großloge. Ehrenmitglied der Logen Humanitas, Eintracht, Kosmos, Schiller, Heimat, Treue und ab 1927 der Loge Fortschritt.

Kaunitz, Wenzel Anton Fürst von (* 2. Februar 1711 Wien, † 27. Juni 1794 Wien) Staatsmann. Leitete seit 1753 als Staatskanzler die österreichische Außenpolitik, wobei er an dem Bündnis mit Russland festhielt und dem preußisch-englischen Abkommen 1756 ein Defensivbündnis mit Frankreich entgegenstellte, das nach dem Ausbruch des Siebenjährigen Krieges in ein Offensivbündnis umgewandelt wurde. Diese »Umkehrung der Allianzen« ist einer der Wendepunkte der europäischen Politik. Kaunitz setzte mit Joseph II. (seit 1765 Mitregent) gegen Maria Theresia die Erwerbung Galiziens (1772), der Bukowina (1775) und des Innviertels (1779) durch. Sein Staatsdenken war absolutistisch und zugleich der Ideenwelt der rationalistischen Aufklärung verhaftet; er spielte eine wesentliche Rolle bei der Reformtätigkeit Maria Theresias und Josephs II. Seine Mitgliedschaft bei den Freimaurern ist nicht erwiesen, er soll aber in die Loge Herkules in Schlesien aufgenommen worden sein.

Kaunitz, Ernst Christoph, Fürst von (* 5 Juni 1737, † 19. Mai 1797) Sohn des Wenzel Anton, Obersthofmarschall. Mitglied der Wiener Loge Zur gekrönten Hoffnung.

Kaunitz, Dominicus Andreas, Fürst von (* 30. März 1739, † 26. November 1812) Sohn des Wenzel Anton, Botschafter und Obriststallmeister. Mitglied der Wiener Loge Zur gekrönten Hoffnung.

Kraus, Karl (* 30. Juli 1893 Wien, † 27. Dezember 1962) Betriebsprüfer der Finanzlandesdirektion für Wien, Niederösterreich und das Burgenland, Wirtschaftsprüfer, Helfer in Steuersachen; aufgenommen 1923 in die Loge Gleichheit, ist am 28. Juli 1945 einer der 48 Teilnehmer am ersten Treffen nach dem Krieg, affiliiert 1945 in die Sammelloge Humanitas Renata, 1948 Gründungsmitglied der wiedererrichteten Loge Gleichheit.

Kreisky, Max (* 26. Februar 1876 Klattau [Böhmen], † 31. Mai 1944) Vater des sozialdemokratischen Politikers Bruno Kreisky [1911–1990], Generaldirektor der Österreichischen Wollindustrie AG und Textil AG, Zensor der Österreichischen Nationalbank, Zollbeirat, Sachverständiger und Schätzmeister für Textilien, Sympathisant der Sozialdemokratie, muss 1942 nach Schweden emigrieren, dort Manager einer Textilfabrik; aufgenommen 1927 in die Loge Labor.

Kreisky, Otto (* 17. Jänner 1878, † 1944/45 KZ Auschwitz) Bruder von Max Kreisky, Dr. jur., Rechtsanwalt, aufgenommen 1928 in die Loge Labor. Deportiert am 10. September 1942 in das KZ Theresienstadt, weiter am 28. Oktober 1944 in das KZ Auschwitz.

Kuefstein-Greillenstein, Johannes Ferdinand Graf (* 19. Februar 1727 Wien, † 20. März 1789 Wien) k. k. Wirklicher Kämmerer, Majoratsherr von Greillenstein, Herr zu Rappoltenkirchen, aufgenommen nach eigenen Angaben in Frankreich und dort angeblich in 82 Hochgrade eingeweiht und im Clermont'schen Hochgradsystem zum Großmeister der VIII. Provinz Germaniae superis ad Danubium, Padum et Tiberim ernannt, 1761 Gründungsmitglied der Loge Die Freigiebigen, Gold- und Rosenkreuzer, Asiatischer Bruder, Geisterbeschwörer, Alchemist.

Lewis, Ludwig (* März 1799 Hamburg, † 17. Juli 1890 Budapest) Dr. phil., Professor für die englische Sprache, Lehrer an der k. k. Ingenieurakademie in Wien, danach an der Universität in Pest. Aufgenommen 1825 in die Loge Drei Goldene Anker zur Liebe und Treue in Stettin, ab 1838 Mitglied des Supreme Grand Royal Arch (Chapter of Scotland), Ehrenmitglied der Canongate Kilwinning Lodge (Mutterloge der Schottischen Freimaurerei), reaktiviert am 5. Oktober 1848 für nur einen Tag in der Funktion des Meisters vom Stuhl die Ende 1793 eingeschläferte Wiener Loge Zum Hl. Joseph, gründet zwischen 1861 und 1869 drei Logen in Pest und Temesvár. 1869 ist er Gründungsmitglied der ersten Grenzloge Zur Verbrüderung in Ödenburg. Lewis gilt als Vater der österreichisch-ungarischen Freimaurerei. Autor der »Geschichte der Freimaurerei in Österreich im Allgemeinen und der Wiener Loge zu St. Joseph insbesondere« (1861), Ehrenmitglied der Grenzlogen Concordia und Freundschaft.

Lorenzo, Jacques de, (?) k. k. Hauptmann im Infanterie-Regiment Carl von Toskana. Aufgenommen in die Loge Parfaite Union in Luxemburg, 1772 deren Stuhlmeister, Gründungsmitglied der Loge Aux Sept Ciels (Zu den sieben Himmeln) in Luxemburg, Gründungsmitglied der Loge Les Trois Etoiles Couronnées in Luxemburg (Strikte Observanz), 1780 Gründungsmitglied der Loge Zu den 7 Himmeln in Wien, 1780–81 deren Meister vom Stuhl, 1782 Gründungsmitglied der Loge Zur Beständigkeit, 1782 deren Stuhlmeister.

Lothringen, Franz Stephan von (* 8. September 1708 Nancy [Lothringen, heute Frankreich], † 18. August 1765 Innsbruck [Tirol]) 1729–1737 als Franz III. Herzog von Lothringen und Bar, ab 1737 Großherzog der Toskana als Franz II., ab 1736 Gemahl Maria Theresias und ab 1740 Mitregent in den Habsburgischen Erblanden, ab 1745 römisch-deutscher Kaiser als Franz I. Wird 1731 als erster hoher Adeliger auf dem Kontinent anlässlich einer Reise nach Holland in einer eigens dafür errichteten Deputationsloge aufgenommen.

Misar, Wladimir (* 24. Februar 1872 Neuhaus [Böhmen], † 25. Juli 1963 London) Dr., k. k. Realschulprofessor für Mathematik und Physik, Mitglied der Ethischen Gemeinde, des Freidenkerbundes, des Monistenbundes, des Eherechtsreformvereins, der Sozialpädagogischen Gesellschaft, der Österreichischen Friedensgesellschaft und der Österreichischen Liga für Menschenrechte, emigriert im März 1939 nach England, nachdem er bis dahin monatelang von der Gestapo verhört worden war, arbeitet dort als Buchhalter bzw. Lohnverrechner und verfasst 1942 für die amerikanische Freimaurer-Zeitschrift »The Masonic World« die Dokumentation »The Last Days of the Grand Lodge of Vienna«. Aufgenommen 1910 in die Grenzloge Sokrates, 1925 Gründungsmitglied der Loge Freiheit, von 1922–38 ist Misar Großsekretär der Großloge von Wien, seit 1932 Ehrenmitglied der Loge Zukunft, 1948 Beurlaubung durch die Großloge von Wien wegen ständigen Aufenthalts in England, im selben Jahr ist er Mitbegründer der Friendship-Lodge in London, affiliiert 1953 in die Loge Lessing Zu den 3 Ringen, ab 1954 Ehrenmitglied der Großloge von Österreich.

Mozart, Wolfgang Amadé (* 27. Jänner 1756 Salzburg, † 5. Dezember 1791 Wien) erstes öffentliches Auftreten bereits 1761, nach ausgedehnten Konzertreisen in ganz Europa bis 1772–77 Hofkonzertmeister in Salzburg, Hof- und Domorganist, ab 1781 freischaffender Komponist (darunter als freimaurerische Kompositionen u. a.: Lied »Gesellenreise« [KV 68], Kantate »Die Maurerfreunde« [KV 471], Orchesterwerk »Maurerische Trauermusik« [KV 477], Chorgesang mit Orgelbegleitung »Zum Schluss der Loge« [KV 484], Kantate »Dir, Seele des Weltalls« [KV 429], Kantate »Die ihr des unermesslichen Weltalls Schöpfer ehrt« [KV 619], »Eine kleine Freimaurer-Kantate« [KV 623], Oper »Die Zauberflöte« [KV 620]) und Musikpädagoge in Wien, entwickelt gemeinsam mit Anton Paul Stadler die Idee für eine Geheimgesellschaft namens »Grotta«, ab 1770 Inhaber des Päpstlichen Ritterordens vom Goldenen Sporn. Aufgenommen am 14. Dezember 1784 in die Loge Zur Wohltätigkeit, ab 1786 in der Sammelloge Zur Neugekrönten Hoffnung (ab 1788 wieder Loge Zur Gekrönten Hoffnung).

ORNSTEIN, CARL (* 16. April 1856 Niemtschitz [Böhmen], † 15. Mai 1931) Dr. jur., Hof- und Gerichtsadvokat, »einer der Veteranen der sozialdemokratischen Partei«, 1925 Ernennung zum Bürger der Stadt Wien; zunächst bei einer Budapester Loge um Aufnahme angesucht, aufgenommen in die Grenzloge Sokrates, stellt am 25. November 1918 den offiziellen Antrag, eine österreichische Großloge zu gründen, ab 1921 Ehrenmitglied der Loge Kosmos, 1918–24 Deputierter Großmeister der Großloge von Wien.

PAAR, JOHANN WENZEL GRAF (ab 1769) Reichsfürst – Freiherr auf Hartberg und Krottenstein (* 7. August 1719, † 4. Juli 1792) k. k. Kämmerer, Wirklicher Geheimer Rat, 1761–80 k. k. Oberst-Reichs-Hof- und General-Erbland-Postmeister für die habsburgischen Erblande, Inhaber des Großkreuzes des königlich-ungarischen Sankt-Stephans- Ordens, aufgenommen 1742 in die Loge Aux Trois Canons, affiliiert 1784 in die Loge Zur Wahren Eintracht.

PALLART, JACQUES ANDRÉ (Jacob Andreas) (* ca. 1708 Genf, † 1782) aus der Schweiz stammender Goldschmied und Juwelier, getaufter Jude; aufgenommen 20. Jänner 1743 *(»ein würdiger Nachfolger des Freimaurermeisters Ahaliab, Sohn des Ahisamach vom Stamme Dan und Kundiger des Urim und Thummim (für Offenbarung und Wahrheit oder auch Recht und Licht stehende Orakelsteine), ein rechtschaffener und aufrichtiger Mann, sehr keusch, und besitzt alle Eigenschaften für die Königliche Kunst passend«)* in die Loge Aux Trois Canons.

Pelzer, Robert (* 16. Oktober 1874 Prag, †?) Dr. jur., Hof- und Gerichtsadvokat, Verwaltungsrat mehrerer Gesellschaften, 1925 Mitbegründer und bis 1926 Vizepräsident der Österreichischen Liga für Menschenrechte, am 25. März 1938 verhaftet, emigriert nach England; aufgenommen 1909 in die Grenzloge Goethe, 1926–38 Deputierter Großmeister der Großloge von Wien.

Pezzl, Johann Andreas (* 30. November 1756 Mallersdorf bei Straubing [Bayern], † 9. Juni 1823 Wien) 1768–75 im Benediktiner-Lyzeum in Freising (Bayern), k. k. Rat, Topograph, 1775 zunächst für ein Jahr Novize der Benediktiner im Kloster Scheyern, 1776–80 Studium der Rechte in Salzburg, lebt danach in Zürich und ab etwa 1784 in Wien, Bibliothekar, Vorleser und Privatsekretär des Haus-, Hof- und Staatskanzlers Anton Wenzel Fürst Kaunitz-Rietberg, Offizial der k. k. Hofchiffrierkanzlei, zuletzt k. k. Rat und Vizedirektor dieses Amts, philosophischer, topographischer und belletristischer Schriftsteller, Übersetzer aus dem Französischen, aufgenommen 1784 in die Loge Zur Wohltätigkeit, 1785 in die Loge Zum Palmbaum, 1786 Mitglied der Sammelloge Zur Wahrheit, gedeckt 1786. Illuminat.

Puthon, Johann Baptist (ab 1777) Edler von (ab 1811) Freiherr von (* 1744, † 26. März 1816 Wien) k. k. privilegierter Textilgroßhändler Baumwoll- und Textilerzeuger, 1803 Gründer der k. k. priv. Baumwollspinnerei in Teesdorf (NÖ), Bankier, Pächter der Lotterie in den vorderösterreichischen Ländern und von Salzwerken in Galizien; aufgenommen 1774 in die Loge Zu den 3 gekrönten Sternen in Prag, 1775 Mitglied der Loge Kasimir Zu den 3 gekrönten Sternen und 3 gekrönten Säulen in Prag, 1776–81 Mitglied der Loge Zu den 3 Adlern, 1781–82 der Loge Zu den 3 Adlern und Zum Palmbaum, 1782–85 der Loge Zu den 3 Adlern, ständiger Vertreter der böhmischen Logen in Wien, 1785 Gründungsmitglied der Sammelloge Zur Wahrheit.

Ratschky, Joseph Franz von (* 21. August 1757 Wien, † 31. Mai 1810 Wien) Studium der Philosophie und der Rechte, ab 1776 Amtsschreiber beim Zoll- und Mautamt an der Taborbrücke in Wien, ab 1779 Accessist, ab 1780 Manipulant beim Vieh- und Fleischaufschlag, ab 1783 k. k. Hofkonzipist bei der Vereinigten böhmisch-österreichischen Hofkanzlei, 1786 Gubernialsekretär in Lemberg, 1787–91 Präsidialsekretär des oberösterreichischen Regierungspräsidenten Leopold Graf Rothenhan in Linz (OÖ), ab 1795 k. k. Wirklicher Hofsekretär und Hofkommissar bei den Lotto-Ziehungen, ab 1804 k. k. Regierungsrat und Direktor des Kameral-Lottogefälles, ab 1806 k. k. Wirklicher Hofrat, ab 1807 k. k. Staats- und Konferenzrat, Lyriker, Epiker und Satiriker, aufgenommen 1782 in die Loge Zur Wahren Eintracht, 1786 Mitglied der Sammelloge Zur Wahrheit, Illuminat.

Reinhold, Carl Leonhard (* 26. Oktober 1757 Wien, † 10. April 1823 Kiel [Schleswig-Holstein]) 1772 Novize im Orden der Jesuiten bis zur Aufhebung des Ordens im Jahr 1773, nach 1774 Novizenmeister im Orden der Barnabiten und Lehrer für Logik, Metaphysik, Ethik und geistliche Beredsamkeit, 1782 Mitarbeiter bei der »Wiener Real-Zeitung«, im November 1783 Austritt aus dem Orden der Barnabiten (Kloster St. Michael) und Flucht nach Deutschland, wird in seiner Leipziger Zeit finanziell von seiner Wiener Loge über längere Zeit namhaft unterstützt, 1784 Übertritt zum Protestantismus, Mitherausgeber des »Teutschen Merkur«, ab 1787 Ordinarius für Philosophie in Jena, danach Ordinarius in Kiel, aufgenommen 1783 in die Loge Zur Wahren Eintracht, 1785 Ehrenmitglied der Loge Zu den 3 Adlern, ab 1786 Ehrenmitglied der Sammelloge Zur Wahrheit, affiliiert 1809 in die Loge Amalia in Weimar, Illuminat.

Riegger, Joseph Anton Stephan Ritter von (* 13 Februar 1742 Innsbruck [Tirol], † 5. August 1795) Dr. phil. et Dr. jur., nach dem Studium in Wien Privatdozent der Rechte und Lehrer für Kirchenrecht am Theresianum, ab 1765 Univ.-Prof. der Institutionen und des peinlichen Rechts bzw. ab 1767 für Natur- und Völkerrecht an der Universität in Freiburg (Breisgau), wo er in deutscher Sprache liest und daher angefeindet wird, ab 1768 k. k. Rat und Direktor des Akademischen Gymnasiums in Freiburg, ab 1769 Wirklicher vorderösterreichischer Regierungs- und Kammerrat, 1772–74 Dekan der philosophischen Fakultät, ab 1778 k. k. Wirklicher Gubernialrat, Schulreformer, Univ.-Prof. für Staats- und Lehensrecht an der Universität in Prag, von seinen Vorgesetzten als »Jakobiner« bezeichnet, k. k. Landrat, ab 1782 fürstl.-Schwarzenberg'scher Hofrat und Direktor der Schwarzenberg'schen Herrschaften in Wien, ab 1785 wieder k. k. Gubernialrat und Schulreferent in Prag, errichtet 1793 in Prag den ersten Lehrstuhl für Slawistik, publiziert bereits ab seinem 15. Lebensjahr, Mitglied und Sekretär der böhmischen Gesellschaft der Wissenschaften. Aufgenommen 1764 in die Loge Die Freigiebigen, affiliiert 1782 in die Loge Zur Wahren Eintracht, ab 1786 in die Sammelloge Zur Wahrheit, affiliiert 1784 nach Prag in die Loge Zur Wahrheit und Einigkeit, Illuminat.

Salm-Reifferscheid-Bedbur und Alfter, Karl Anton Joseph Graf (* 6. April 1697, † 13. Juli 1755) aufgenommen 1742 in die Loge Aux Trois Canons.

Scheichelbauer, Bernhard (* 1. Jänner 1890 Wien, † 30. November 1969 Wien) abs. jur., nach dem 1. Weltkrieg Kurdirektor, Bankdirektor in Velden am Wörthersee, Journalist, 1930–38 Leiter des Landespressedienstes in Kärnten, ab 1934 Hofrat und Regierungskommissar für Kärnten zur Bekämpfung staats- und regierungsfeindlicher Bestrebungen in der Privatwirtschaft, Vertreter des Sicherheitsdirektors für Kärnten: Nach längerem Aufenthalt in Meran Übersiedlung nach Wien und Mitglied der Widerstandsbewegung »05«, nach 1945 zunächst Mitarbeiter, später Chefredakteur im Bundespressedienst des Bundeskanzleramtes in Wien; aufgenommen 1931 in die Klagenfurter Loge Paracelsus, gedeckt 1933, affiliiert trotzdem 1946 in die Sammelloge Humanitas Renata und von dort 1947 in die Loge Zukunft. Von 1948 bis 1960 Großmeister der Großloge von Österreich, danach Alt- und Ehrengroßmeister und Ehrenmitglied mehrerer österreichischer Logen. Er führte ab 1948 immer wieder Gespräche mit Kardinal Innitzer über die Beziehungen der katholischen Kirche zur Freimaurerei, 1953 Autor des vom Vatikan auf den Index gesetzten Buches »Die Johannisfreimaurerei«.

SCHIKANEDER, EMANUEL (* 1. September 1751 Straubing bei Regensburg [Bayern], † 21. September 1812 Wien) Schauspieler, Sänger, Komödiant, Regisseur, Theaterdirektor, Theaterdichter (verfasst 44 Libretti für Opern und Singspiele und 55 Sprechstücke), lebt 1785–87 in Wien, leitet danach kurze Zeit das Fürstliche Hoftheater in Regensburg, kehrt 1789 wieder nach Wien zurück und leitet das Freihaustheater (1791 Uraufführung der Mozart-Oper »Die Zauberflöte« für die er, möglicherweise unter Mitwirkung von Carl Ludwig Giesecke, das Libretto verfasst und in der er auch selbst die Rolle des Papageno übernimmt), gründet 1801 das Theater an der Wien, 1807–1809 Leiter des Theaters in Brünn, ab 1811 wieder in Wien, wo er mittellos in geistiger Umnachtung stirbt. Aufgenommen 1788 in die Loge Die Wachsende Zu den 3 Schlüsseln in Regensburg, wird jedoch wegen seiner privaten Lebensführung sowie seiner nur seltenen Anwesenheit bei den Logen-Arbeiten bereits am 4. Mai 1789 auf sechs Monate beurlaubt, in Wien ist weder eine Affiliation noch ein Logenbesuch dokumentiert.

SCHLESINGER, HANS (im Exil John R. Schlesinger) (* 19. Mai 1892 Wien, † 11. Mai 1957 St. Louis, Missouri [USA]), Sohn des langjährigen Großmeisters Richard Schlesinger, Dr. jur., Rechtsanwalt, ab 1930 Vorstandsmitglied der Österreichischen Liga für Menschenrechte, emigrierte über die Schweiz in die USA, Angestellter der Stadtbibliothek von St. Louis, Missouri.

Aufgenommen 1923 in die Loge Zukunft, affiliiert 1938 in die Baseler Loge Osiris, nach 1945 auswärtiges Mitglied der Loge Zukunft.

SCHLESINGER, RICHARD (* 19. Dezember 1861 Wien, † 5. Juni 1938 Wien) Dr. jur., Hof- und Gerichtsadvokat, Regierungsrat, Mitglied der Steuerschätzungskommission, Richter am Obersten Gerichtshof, Anwalt des Deutschen Ritterordens. Aufgenommen 1909 in die Grenzloge Zukunft, 1917 Deputierter Meister vom Stuhl. Ehrenmitglied der Logen Eintracht, Kosmos, Treue, Humanitas (ab 1921), Goethe (ab 1921), Heimat (ab 1925), Plato (ab 1930), der Loge Zur Verschwiegenheit in Preßburg, der deutschsprachigen tschechoslowakischen Großloge Lessing zu den drei Ringen und der Symbolischen Großloge von Deutschland (ab 1932), vom 31. Mai 1919 bis zu seinem Todestag Großmeister der Großloge von Wien.

SCHLOSSER, JOHANN GEORG (* 7. Dezember 1739 Frankfurt/Main, † 17. Oktober 1799 Frankfurt/Main) Dr. jur., Rechtsanwalt, Historiker, Politiker, ab 1766 Geheimsekretär des Herzogs Friedrich II. Eugen von Württemberg, Philosoph, Wirklicher Geheimer Rat im Dienst von Markgraf Karl Friedrich in Baden (heute Baden- Württemberg), Reformer der Sozial- und Landwirtschaftspolitik, Übersetzer, in erster Ehe 1773–77 Schwager von Johann Wolfgang von Goethe , zuletzt ab 1798 Syndikus der Stadt Frankfurt/Main; wurde in eine nicht bekannte Loge aufgenommen, affiliierte 1783 in die Loge Zur Wahren Eintracht, ab 1786 Mitglied der Sammelloge Zur Wahrheit. Illuminat.

SCHMIDT, VICTOR ANTON (* 8. Dezember 1826 Stegersbach [Szentelek, damals Ungarn, heute Bgld.] † 26. Februar 1898 Pressburg [damals Ungarn, heute Slowakei]) 1863 Gründer der Süßwaren- und Sodawasserfabrik Viktor Schmidt & Söhne, zieht sich 1883 aus der aktiven Geschäftsführung zurück, übergibt das in der Monarchie führende Unternehmen beiden Söhnen und widmet sich vielfältigen karitativen Aufgaben, u. a. ab 1873 Verwaltungsrat des Kinderasyls der Grenzloge Humanitas, Initiator und Hausvater des Kinderasyls Simmering; aufgenommen 1870 in die Ödenburger L Zur Verbrüderung, affiliiert 1871 in die Grenzloge Humanitas, gedeckt 1878, wieder aufgenommen 1882 in die Grenzloge Humanitas, 1883 Gründungsmitglied der Grenzloge Concordia, 1889 Wiedervereinigung mit der Grenzloge Humanitas, Ehrenmitglied der Symbolischen Großloge von Ungarn und der Grenzloge Freundschaft (ab 1892).

SCHMUTZER, JAKOB MATTHIAS (* 3. April 1733 Wien, † 2. Dezember 1811 Wien) Kupferstecher, Maler, k. k. Rat, studiert ab 1762 mit Unterstützung des Wiener Hofs in Paris, 1766 Initiator und ab 1768 Direktor der Klasse für Kupferstecher an der Akademie der bildenden Künste, ab 1771 Oberdirektor der Zeichenkunst in den Normalschulen sämtlicher habsburgischen Erbländer, gilt als Begründer der Wiener Reproduktionsgrafik, aufgenommen in die Innsbrucker Loge Zu den 3 Bergen, affiliiert 1783 in die Loge Zur Wahren Eintracht, 1786 Mitglied der Sammelloge Zur Wahrheit, gedeckt 1786.

SCHNEEBERGER, FRANZ JULIUS (* 7. September 1827 Wien, † 25. Juli 1892 Graz [Stmk]) Ing., Aktivist während der 1848er Revolution (u. a. Herausgeber der »Deutschen Debatten-Zeitung«), 1850–60 Österreichischer Staatstelegrafendienst in Italien und Dalmatien, 1860–66 Telegrafen-Ing. bei der Südbahn, Schriftsteller (u. a. »Freimaurer und Jesuit« [1868], »Katakomben von Wien«, »Licht und Finsternis« etc.), 1871 Gründer der freimaurerischen Zeitschrift »Der Zirkel«, ab April 1874 verantwortlicher Redakteur des »Wiener Evangelischen Gemeindeblattes«. Aufgenommen 1868 unter freiem Himmel von Ludwig Lewis für die Pester Loge Zur Einigkeit im Vaterland, wechselt anlässlich ihrer Gründung in die Ödenburger Loge Zur Verbrüderung, 1870/71 Deputierter Stuhlmeister, nach dem Scheitern der Bemühungen, gemeinsam mit Ludwig Lewis in Österreich eine Loge zu gründen, gründet er in Wien 1869 zunächst einen nichtpolitischen Verein, dessen Mitglieder auf ungarischem Boden Mitglied der 1869 gegründeten Loge Zur Verbrüderung werden und dort rituell arbeiten, bis 1871 als erste Grenzloge auf ungarischem Boden in Neudörfl a. d. Leitha die Grenzloge Humanitas gegründet wird, 1871–1874 Meister vom Stuhl, wechselt 1877 in die Grenzloge Eintracht.

SCHWARZENBERG, FRANZ IGNAZ (*1723 – † 1796) k. k. Hauptmann im Regiment Forgács; aufgenommen 1742 in die Loge Aux Trois Canons.

SEILERN, CHRISTIAN AUGUST Reichsgraf von (* 22. April 1717, † 15. November 1801 Wien) Diplomat, 1745 Beamter im Reichshofrat, ab 1752 Wirklicher Geheimer Rat, 1766–70 Botschafter am englischen Hof in London, 1770–79 Statthalter von Niederösterreich, ab 1780 Präsident der Obersten Justizstelle, ab 1780 Besitzer der Herrschaft Hetzendorf bei Wien, auf ausdrücklichen Wunsch von Maria Theresia Gründer der ersten Gemeindeschule in Hetzendorf. 1742 in die Loge Aux Trois Canons aufgenommen.

SINOWATZ, FRED (* 5. Februar 1929 Neufeld/Leitha [Burgenland], † 11. August 2008 Wien) Dr. phil., Landesbeamter im Burgenland, 1957–69 Gemeinderat in Neufeld an der Leitha, 1961–78 Landesparteisekretär der SPÖ, 1961–66 Abgeordneter in den Burgenländischen Landtag, 1966–71 Landesrat für Kultur, 1971–83 Bundesminister für Unterricht und Kunst, 1983–86 Bundeskanzler der Republik Österreich. Aufgenommen 1968 in die Loge Libertas Gemina, 1970 Gründungsmitglied der Loge Libertas Oriens.

SOLIMAN, ANGELO (* ca. 1721 vermutlich Nigeria [Afrika], † 21. November 1796 Wien) ab etwa 1734 Kammerdiener und Reisebegleiter von Johann Georg Christian Fürst Lobkowitz, dessen

Leben er in einer Schlacht gerettet haben soll, bereits vor dessen Tod ab 1754 Erzieher und später auch Hausoffizier bzw. Haushofmeister und damit Vorgesetzter der Dienerschaft im Haus von Joseph Wenzel Fürst Liechtenstein, 1768 wegen seiner geheim gehaltenen Heirat entlassen, nach dem Tod des Fürsten ab 1773 wieder zurück als Erzieher am Hof des Franz Joseph Fürst Liechtenstein. Nach dem Tod Solimans wird auf Anordnung von Kaiser Franz II. die Haut des Verstorbenen präpariert und bis 1806 im k. k. Hofnaturalienkabinett als »Repräsentant des Menschengeschlechts« ausgestellt, am 31. Oktober 1848 vernichtet im Zuge der Revolutionsereignisse ein auf dem Dach der Augustinerkirche ausgebrochener, auf das Dach des Naturalienkabinetts übergreifender Brand das auf dem dortigen Dachboden gelagerte seltsame Präparat. Aufgenommen in eine nicht bekannte Loge, rektifiziert und affiliiert 1781 in die Loge Zur Wahren Eintracht, ab 1786 in der Sammelloge Zur Wahrheit, er deckt im Dezember 1786.

SONNENFELS, JOSEPH (geb. Perlin, getauft Wienner) (ab 1746) Freiherr von (* 1733 Nikolsburg [Mähren], † 25. April 1817 Wien) Jurist, Journalist, Schriftsteller (u. a. »Briefe über die wienerische Schaubühne« (4 Bände, 1768), »Gesammelte Schriften« (10 Bände, 1883–87), als Reformer des Theaters Gegner der in Wien üblichen Hanswurstiaden und Stegreifbühnen, Reformer der Verwaltung, ab 1763 Professor für Polizei- und Kameralwissenschaft an der Universität Wien, 1776 wird auf sein Betreiben die bis dahin übliche Tortur (Folter) in geregelte Bahnen gelenkt und 1777 führt er die öffentliche Beleuchtung mit Öllampen ein, ab 1779 k. k. Wirklicher Hofrat bei der k. k. Geheimen böhmisch-österreichischen Hofkanzlei, zunächst ständiger Sekretär und ab 1810 Präsident der k. k. Akademie der bildenden Künste, ab 1806 Ehrenbürger der Stadt Wien. Beethoven widmete ihm die Klaviersonate in D-Dur op. 28. Laut Angaben im Affiliationsansuchen angeblich aufgenommen in die Loge Balduin in Leipzig (scheint jedoch in deren Matrikelbuch nicht auf), affiliiert 1782 in die Loge Zur Wahren Eintracht. 1784 wird er Distrikts-Großmeister der Distriktsloge Zur Wohltätigen Eintracht, und 1786 Mitglied der Sammelloge Zur Wahrheit.

Spörcke, Johann Friedrich Raban von (* 5. Mai 1731 Hannover [Niedersachsen], † 1755), königl.-dänischer Kammerjunker. Aufgenommen 1752 in der Loge St. Martin in Kopenhagen, wechselt in die Loge Friedrich (später Friedrich Zum weißen Pferd) in Hannover, 1754 Gründungsmitglied der Loge Aux Trois Coeurs in Wien.

Starhemberg, Franz Xaver Gundacker Graf (* 1747 Wien, † 1804 Preßburg) k. k. Kämmerer, k. k. Regierungsrat, Obrist-Erbland-Marschall in Österreich ob- und unter der Enns, k. k. Geheimer Rat, Zweiter Obrist-Stabelmeister und Majoratsherr der Herrschaften Pottendorf, Haus, Eschelberg, Reichenstein, Senftenberg und Oberwalsee, 1785–89 Konkursverfahren. Aufgenommen 1774 in die Loge Zur Hoffnung, affiliiert 1775 in die Loge Zu den 3 Adlern, Schottischer Meister und Mitglied der Loge Kasimir Zu den 3 gekrönten Sternen und 3 gekrönten Säulen in Prag, 1781–82 Loge Zu den 3 Adlern und Zum Palmbaum, 1782–85 Loge Zu den 3 Adlern, 1786 in der Sammelloge Zur Wahrheit, Illuminat, Gold- und Rosenkreuzer, Großmeister der »Asiatischen Brüder«.

Starhemberg, Johann Ernst Josef Graf (* 13. September 1716 Regensburg [Bayern], † 14. Dezember 1786 Wien) während seiner Aufnahme in die Loge Aux Trois Canons am 7. März 1743 wird die Loge auf Befehl Maria Theresias ausgehoben.

Swieten, Gerard van (ab 1758) Freiherr von (* 7. Mai 1700 Leiden [Niederlande], † 18. Juni 1772 Schönbrunn bei Wien) wird im Juni 1745 nach Wien berufen und Leibarzt Maria Theresias, Reformer der Medizin in Österreich, Fachschriftsteller, Vater von Gottfried; die gelegentlich behauptete Mitgliedschaft in der Freimaurerei konnte bisher nicht nachgewiesen werden, in Wien könnte er theoretisch Mitglied der zu dieser Zeit möglicherweise noch im Geheimen arbeitenden Loge Aux Trois Canons gewesen sein.

Tandler, Julius (* 16. Februar 1869 Iglau [Mähren], † 25. August 1936 Moskau [Russland]) Dr. med., ab 1910 Univ.-Prof. für Anatomie, 1914–17 Dekan, sozialdemokratischer Politiker und Reformer des Gesundheits- und Fürsorgewesens der Stadt Wien, ab 4. Mai 1919 sozialdemokratischer Abgeordneter zum Wiener Gemeinderat, 9. Mai 1919 bis 22. Oktober 1920 Unterstaatssekretär für Volksgesundheit, Mitglied der Regierung, vom 10. November 1920 bis 24. Juli 1933 Amtsführender Stadtrat in Wien und in diesen Funktionen Initiator vieler Fürsorge- und Sporteinrichtungen für Familien, Mütter, Kinder, Jugendliche und Arbeiter (30. Juni 1921: »Die Gesellschaft ist verpflichtet, allen Hilfsbedürftigen Hilfe zu gewähren« oder »Wer Kindern Paläste baut, reißt Kerkermauern nieder«), zunächst inhaftiert und danach zwangsweise pensioniert, verlässt im November 1933 Wien über Shanghai nach Moskau und ist dort als medizinischer Berater tätig. Aufgenommen 1920 in die Loge Lessing Zu den 3 Ringen, sein Bürge war Ferdinand Hanusch, gedeckt 1927.

Trauttmansdorff, Franz Carl Graf (* 11. Jänner 1709, † 6. Juli 1786 Prag) während der Aufnahme in die Loge Aux Trois Canons am 7. März 1743 wird die Loge auf Befehl Maria Theresias ausgehoben.

Trebitsch, Josef (* 14. März 1865 Wien, † 11. Juli 1932 Wien [Freitod]), bis 1899 Mitarbeiter im väterlichen Unternehmen, danach Direktor bei der Waagner-Biró AG, 1911 Prokurist, 1915 Geschäftsführer, ab 1922 Generaldirektor der Metallwarenfabrik A.F. Bechmann bis zu deren Übernahme 1924 durch die Elin AG, 1921–28 Vizepräsident der Sektion Wien des Industriellenverbandes, Vorstandsmitglied des Hauptverbandes der Industrie Österreichs und Obmann des Sozialpolitischen Ausschusses. Aufgenommen 1904 in die Grenzloge Lessing Zu den 3 Ringen, sein Bürge war Adolf Ruzicka, 1919–24 Meister vom Stuhl, Ehrenmeister (ab 1927).

Wranitzky, Paul (* 30. Dezember 1756 Neureisch [Mähren], † 26. September 1808 Wien) Komponist, Violinist, Organist, Dirigent, lebt ab 1776 in Wien, zunächst einige Zeit Studium der Theologie, ab 1780 Violinist im Esterházyschen Orchester, 1784/85 Musikdirektor von Graf Johann Nepomuk Esterházy, ab 1785 Konzertmeister des Wiener Hofopernorchesters, ab 1790 dessen Leiter, Sekretär der Tonkünstler-Sozietät, 1784–85 Mitglied der Loge Zur Gekrönten Hoffnung, 1786 in der Sammelloge Zur Neugekrönten Hoffnung, Asiatischer Bruder.

Zauner, Franz Anton (ab 1808) Edler von Falpetan (* 5. Juli 1746 Unterfalpetan, Gemeinde Kaunerberg/Oberinntal [Tirol], † 3. März 1822 Wien) k. k. Rat, klassizistisch gestaltender Bildhauer (u. a. Reiterstandbild Josephs II. auf dem Josefsplatz in Wien, Denkmal Leopolds II. in der Augustinerkirche in Wien, die Ignaz von Born gewidmete Statuette »Genio Bornii«), lebte 1766–76 und nach einem langjährigen Rom-Aufenthalt dann wieder ab 1781 in Wien, ab 1782 Professor und 1806–15 Direktor der Bildhauerklasse in der Akademie der bildenden Künste. Aufgenommen 1784 in die Loge Zur Wahren Eintracht, ab 1786 in der Sammelloge Zur Wahrheit.

Zilk, Helmut (* 9. Juni 1927 Wien, † 24. Oktober 2008 Wien) Dr. phil., Prof., Lehrer, 1967–74 Intendant beim Österreichischen Rundfunk-Fernsehen (ORF), 1970–79 Ombudsmann der »Kronen-Zeitung«, ab 1979 Politiker (SPÖ), Stadtrat für Kultur und Bürgerdienst, 1983–84 Bundesminister für Unterricht und Kunst, 1984–94 Bürgermeister und Landeshauptmann von Wien, 1993 Opfer eines Briefbomben-Attentats; aufgenommen

1961 in die Loge Libertas. 1977 Verleihung der Dr.-Kurt-Jeschko-Medaille für freimaurerisches Wirken in der Öffentlichkeit, gedeckt 25. Oktober 1994 auf Grund des Attentats, er hat sich aber Zeit seines Lebens zur Freimaurerei bekannt.

Zohner, Alfred (* 3. September 1877 Zistersdorf [NÖ], † 15. Dezember 1949 [Freitod]) städtischer Oberlehrer, Direktor des städtischen Waisenhauses, sozialdemokratischer Bezirksrat im achten Wiener Gemeindebezirk. 1912 aufganommen in die Loge Lessing Zu den 3 Ringen. Am 28. Juli 1945 war er einer der nur 48 Teilnehmer am ersten Treffen nach dem Krieg, 1945 Mitglied der Sammelloge Humanitas Renata, besonders engagiert beim Wiederaufbau der österreichischen Großloge. 1946 Gründungsmitglied der wieder erweckten Loge Lessing Zu den 3 Ringen.

Logo der Freimaurer-Wiki.at

Lexikon der in diesem Buch vorkommenden freimaurerischen Begriffe

affiliieren	von einer Loge in eine andere wechseln
Ballotage, ballotieren	Abstimmung mittels weißer und schwarzer Kugeln mit Einstimmigkeitsprinzip
Baustück	Logenvortrag
Bruder	Anrede, auch Bezeichnung für ein Logenmitglied
Deckung, decken	die Mitgliedschaft in einer Loge, bzw. der Freimaurerei beenden; aber auch ausgeschlossen werden
Deputationsloge	Loge für einen bestimmten Zweck von der Großloge dafür eingesetzt
deputiert	stellvertretend
Deputierter Meister	Stellvertretender Vorsteher einer Loge
Großmeister	Vorsteher einer Großloge, im 18. Jahrhundert aber auch für den Vorsteher einer Loge üblich
Johannisloge	Loge einer Großloge, die nur in den Graden 1–3 arbeitet, auch »blaue Maurerei« genannt
Lehrling, Geselle, Meister	die drei Grade der Johannisfreimaurerei
Licht einbringen	die rituelle Gründung einer Loge
masonisch	anderes Wort für freimaurerisch
Meister vom Stuhl, MvSt	Vorsteher einer Loge
Militärloge	Loge, deren Angehörige Soldaten sind
Mutterloge	Loge, aus deren Mitgliedern eine neue Loge (Tochterloge) gegründet wird

Obödienz	Bezeichnung für eine übergeordnete Instanz, z.B. die Großloge
Profaner	Nichtfreimaurer
Schwester	ursprünglich Anrede für die Partnerin eines Freimaurers, heute auch Bezeichnung bzw. Anrede einer Freimaurerin
Stuhlmeister	Vorsteher einer Loge
Suchender	jemand, der den Beitritt zu einer Loge sucht
unter freiem Himmel	ein freimaurerisches Treffen ohne rituelle Arbeit oder eine rituelle Arbeit außerhalb eines Logenraums
Winkelloge	Loge, die von anderen Logen nicht als rechtmäßig anerkannt wird

In Wien sind 158 Gassen, Straßen, Plätze und Parks nach Freimaurern benannt.

Aignersteg (20. Bezirk, seit 1999), **Aignerstraße** (20. Bezirk, seit 1999) | JOSEF MATTHÄUS AIGNER (18.01.1818 Wien – 19.02.1886 Pötzleinsdorf bei Wien), Portraitmaler, Illustrator, Schriftsteller, 1848 Kommandant in der Akademischen Legion und als solcher zum Tod verurteilt, jedoch nach Intervention begnadigt. Mitglied der Wiener Künstlerhaus-Vereinigung, 1883–86 Mitglied des Wiener Gemeinderates.

Albertgasse (8. Bezirk, seit 1862), **Albertplatz** (8. Bezirk, seit 1904) | HERZOG ALBERT KASIMIR VON SACHSEN-TESCHEN (11.07.1738 Moritzburg bei Dresden – 10.02.1822 Wien) Königlich-polnischer Prinz, heiratet im April 1766 die Tochter Maria Theresias, Erzherzogin Marie Christine. Statthalter von Ungarn in Preßburg. Gründer der Wiener Grafiksammlung Albertina, mit seiner Ehefrau als Mitregentin vorletzter Statthalter der Österreichischen Niederlande in Brüssel.

Alfred-Grünfeld-Gasse (9. Bezirk seit 1925, 1938–1947 Hofhaimergasse) | ALFRED GRÜNFELD (4.07.1852 Prag – 04.01.1924 Wien) k.k. Kammervirtuose, königlich-preußischer Hofpianist, Komponist, übersiedelt 1873 nach Wien, ab 1883 Konzerttourneen durch Europa und die USA, ab 1897 Professor am Wiener Konservatorium. Gedenktafel am Wohn- und Sterbehaus (Getreidemarkt 10).

Alxingergasse (10. Bezirk, seit 1875) | JOHANN BAPTIST EDLER VON ALXINGER (24.01.1755 Wien – 01.05.1797 Wien) Dr. jur. k. k. Hofagent, Schriftsteller, Lyriker, Herausgeber der »Österreichischen Monatsschrift«, Sekretär am k. k. Hoftheater.

Amongasse (22. Bezirk, seit 1952) | ANTON AMON (22.03.1862 Wien – 11.09.1931) Schauspieler, ab 1889 am Deutschen Volkstheater und an Wanderbühnen, gelegentlich auch Landschaftsmaler (Aquarelle).

Andreas-Rett-Park (13. Bezirk (seit 2002) | ANDREAS RETT (02.01.1924 Fürth – 25.04.1997 Wien) Univ.-Prof., Dr. med., Primar, Facharzt für Kinderheilkunde, Vorstand der Abteilung für entwicklungsgestörte Kinder im Krankenhaus Rosenhügel, nach ihm benannt die Gehirn-Stoffwechselerkrankung »Rett-Syndrom«.

Anschützgasse (15. Bezirk, seit 1894) | HEINRICH JOHANN IMMANUEL ANSCHÜTZ (08.02.1785 Luckau [Brandenburg] – 29.12.1865 Wien) K. k. Hofschauspieler, Regisseur, Übersetzer, lebt ab etwa 1821 in Wien, Mitglied des Hofburgtheaters.

Ayrenhoffgasse (9. Bezirk, seit 1894) | CORNELIUS HERMANN VON AYRENHOFF (28.05.1733 Wien – 15.08.1819 Wien) k. k. Feldmarschall-Leutnant, auch Schriftsteller und Dramatiker.

BAHR, HERMANN s. Hermann-Bahr-Gasse

Barthgasse (3. Bezirk, seit 1900) | JOSEPH BARTH (18.10.1745 La Valetta, Malta – 07.04.1818 Wien) k. k. Rat, Dr. med., Univ.-Prof. für feinere Anatomie und Augenheilkunde, Leibarzt Kaiser Josephs II.

BEDNARIK, KARL s. Karl-Bednarik-Gasse

BENES, JARA s. Jara-Benes-Gasse

Bergenstammgasse (13. Bezirk, seit 1894) | ALOYS GROPPENBERGER EDLER VON BERGENSTAMM (01.08.1754 – 15.02.1821)

Sekretär des niederösterreichischen Ritterstandes, Wiener Lokalhistoriker, Fachschriftsteller.

Berzeliusgasse (21. Bezirk, seit 1914) **Berzeliusplatz** (21. Bezirk, seit 1914) | JÖNS JACOB FREIHERR VON BERZELIUS (20.08.1779 Socken [Schweden] – 07.08.1848 Stockholm) Univ.-Prof., Mediziner, Pharmazeut, Chemiker, Begründer der anorganischen Chemie, bestimmt die Atomgewichte.

Bickgasse (23. Bezirk, seit 1952) | JOSEF BICK (22.05.1880 Burg Wildeck am Neckar – 05.04.1952 Wien) Dr. phil., a. o. Univ.-Prof., Hofrat, 1926–1938 Generaldirektor der Österreichischen Nationalbibliothek, ab 1934 auch Direktor der Albertina, 1938 suspendiert, 1945 wieder eingesetzt, 1949 pensioniert.

Bill-Grah-Park (22. Bezirk, seit 1999) | WILHELM JOSEF (»BILL«) GRAH (24.06.1928 Bergisch-Gladbach – 17.09.1996 Wien) Jazzmusiker, Pianist, Vibraphonist, Arrangeur, Komponist.

Billergasse (22. Bezirk, seit 1895, ein auf diese Weise falsch geschriebener Rest einer Gasse ohne Hausnummer und Straßenschild) | JOHANN BAPTIST VON PILLER (1727 Wien – 1793) kaiserl. Rat, Legationssekretär in Dresden, Wohltäter im Kahlenbergerdorf bei Wien.

Birkenstockgasse (11. Bezirk, seit 1894) | JOHANN MELCHIOR EDLER VON BIRKENSTOCK (11.05.1738 Bad Heiligenstadt [Thüringen] – 30.10.1809 Wien) k. k. Hofrat, mit der Schulreform beauftragt, Rat an der Akademie der bildenden Künste.

Bleichsteinergasse (10. Bezirk, seit 1957) | ROBERT BLEICHSTEINER (21.12.1901 Wien – 10.04.1954 Wien) Univ.-Prof., Dr. phil., Ethnologe mit Schwerpunkt Asien, Direktor des Museums für Völkerkunde.

Blumauergasse (2. Bezirk, seit 1874) | Aloysius Johannes Blumauer (21.12.1755 Steyr – 16.03.1798 Wien) Privatlehrer, Mitarbeiter der k. k. Hofbibliothek, k. k. Bücherzensor, Schriftsteller, Lyriker und Dramatiker, Journalist.

Brehmpark (11. Bezirk, seit 1895) **Brehmstraße** (11. Bezirk, seit 1895) | Alfred Edmund Brehm (02.02.1829 Renthendorf [Thüringen] – 11.11.1884 Renthendorf) Dr. phil., Naturforscher, Zoologe, Lehrer für Geographie und Naturwissenschaften, Autor von »Brehms Tierleben«, Direktor des Zoologischen Gartens Hamburg.

Brockmanngasse (12. Bezirk, seit 1930) | Johann Franz Hieronymus Brockmann (30.09.1745 Graz – 12.04.1812 Wien) k. k. Hofschauspieler, Direktor des k. k. Hofburgtheaters, Regisseur.

Bullgasse (10. Bezirk, seit 1955) | Ole Bornemann Bull (05.02.1810 Bergen [Norwegen] – 17.08.1880 Insel Lyso bei Bergen) Violinvirtuose, Komponist, Gründer des Norske Theaters in Bergen.

Bürgergasse (10. Bezirk, seit 1874) | Gottfried August Bürger (31.12.1747 Molmerswende [Sachsen-Anhalt] – 08.06.1794 Göttingen) Dr. phil., Schriftsteller, Lyriker, Übersetzer.

Carl-Reichert-Gasse (17. Bezirk, seit 1951) | Carl Reichert (26.12.1851 Sersheim [Baden-Württemberg] – 12.12.1922 Wien), Übersiedelt 1876 nach Wien, gründet 1876 die Optischen Werke C. Reichert.

Chamissogasse (18. Bezirk, seit 1927) | Adélaide Louis Charles Chamisso de Boncourt (30.01.1781 Boncourt [Champagne] -21.08.1838 Berlin) Schriftsteller, Botaniker, Naturforscher, Offizier, Kustos des Botanischen Gartens in Berlin.

Charasgasse (3. Bezirk, seit 1960) | HEINRICH CHARAS (19.11.1860 – 1940) Dr. med., Kaiserlicher Rat, Chefarzt bei der Wiener Freiwilligen Rettungsgesellschaft, Fachschriftsteller.

Cherubinistraße (22. Bezirk, seit 1952) | LUIGI CARLO ZENOBIO SALVATORE MARIA CHERUBINI (14.09.1760 Florenz – 15.03.1842 Paris) Kirchen- und Opernkomponist.

Chiavaccigasse (5. Bezirk, seit 1925) | VINZENZ CHIAVACCI (16.06.1847 Wien – 02.02.1916 Wien) Beamter der königlich Ungarischen Staatsbahnen, Schriftsteller, Bühnendichter, Journalist, Herausgeber.

Clerfaytgasse (17. Bezirk, seit 1894) | FRANCOIS SÉBASTIEN CHARLES JOSEPH DE CROIX – GRAF VON CLERFAIT UND VON CARBONNE (14.10.1733 Schloss Bruille, Hennegau – 21.07.1798 Wien) K. k. Kämmerer, k. k. Feldmarschall, Inhaber des Infanterie-Regiments zu Fuß Nr. 9, Vizepräsident des k. k. Hofkriegsrates.

Cobenzlgasse (19. Bezirk, seit 1894) | JOHANN PHILIPP GRAF COBENZL (28.05.1741 Laibach – 30.08.1810 Wien) k. k. Wirklicher Rat bei der k. k. Hofkammer, Gesandter in Berlin und Paris, Vizestaatskanzler, Staatskanzler, Kanzler für die italienischen Provinzen.

Coudenhove-Park (13. Bezirk) | RICHARD NIKOLAUS GRAF COUDENHOVE-KALERGI (17.11.1894 Tokio – 27.07.1972 Schruns) Dr. phil., Gründer und bis zu seinem Tod Präsident der Paneuropa-Bewegung. Generalsekretär der Europäischen Parlamentarier-Union

CZERMAK HANS, s. Hans-Czermak-Gasse

Denisgasse (20. Bezirk, seit 1874) | MICHAEL DENIS (27.09.1729 Schärding – 29.09.1800 Wien) Priester, Professor für Logik und Metaphysik am Theresianum, Dichter, Übersetzer, Kustos der k. k. Hofbibliothek.

Dietrichsteingasse (9. Bezirk, seit 1862) | JOHANN BAPTIST REICHSFÜRST DIETRICHSTEIN-PROSKAU-LESLIE (27.06.1728 Nikolsburg – 25.05.1808 Wien) K. k. Kämmerer, k. k. Wirklicher Geheimer Rat, k. k. Oberststallmeister, k. k. außerordentlicher Gesandter und bevollmächtigter Minister am königlich-dänischen Hof in Kopenhagen.

Dr.-Schreber-Gasse, Dr.-Schreber-Weg (siehe Schrebergasse)

Drdlagasse (23. Bezirk, seit 1955) | FRANZ (FRANTISEK) DRDLA (28.11.1868 Saar [Mähren] – 03.09.1944 Bad Gastein) Prof., Dirigent, Violinvirtuose, Komponist, Konzertmeister an der Hofoper, im Carltheater, am Theater an der Wien und in Bayreuth.

Eckhelgasse (10. Bezirk, seit 1972) JOSEPH HILARUS VON ECKHEL (13.01.1737 Enzesfeld – 16.05.1798 Wien) 1751–1773 im Orden der Jesuiten, ab 1764 Priester, Univ.-Prof. für Altertümer und historische Hilfsmittel, Fachschriftsteller, Direktor im kaiserlichen Münzkabinett.

Eyslergasse (13. Bezirk, seit 1955) | EDMUND EYSLER (12.03.1874 Wien – 04.10.1949 Wien) Komponist, Klavierlehrer, Kapellmeister.

Ferrogasse (18. Bezirk, seit 1894) | PASQUAL JOSEPH RITTER VON FERRO (05.06.1753 Bonn – 21.08.1809 Wien) Dr. med. k. k. Regierungsrat, Wundarzt, Gründer des ersten Wiener Rettungsdienstes, Stadtphysikus von Wien, Vizedirektor der medizinischen Fakultät.

Fichtegasse (1. Bezirk, seit 1867) | JOHANN GOTTLIEB FICHTE (19.05.1762 Rammenau [Oberlausitz] – 29.01.1814 Berlin) Philosoph, Erzieher, Vertreter des deutschen Idealismus

Frankgasse (9. Bezirk, seit 1875) | JOHANN PETER FRANK (19.03.1745 Rodalben bei Zweibrücken – 24.04.1821 Wien), Dr. phil. et Dr. med., k. k. Hofrat, Begründer der Hygiene als selbständige Wissenschaft, Direktor des Wiener Allgemeinen Krankenhauses, gilt als Begründer der Wiener Medizinischen Schule, Leibarzt des russischen Zaren Alexander I.

Franklinstraße (21. Bezirk, seit 1910) | BENJAMIN FRANKLIN (17.01.1706 Boston, USA – 17.04.1790 Philadelphia, USA), Buchhändler, Buchdrucker, Verleger, Schriftsteller, Physiker, Mitschöpfer der amerikanischen Unabhängigkeitserklärung und der amerikanischen Verfassung.

Franz-Schuhmeier-Gasse siehe Schuhmeierplatz

Franzensbrückenstraße (2. Bezirk, seit 1975 [die Franzensbrücke ist benannt nach Kaiser Franz II.]) | FRANZ STEPHAN VON LOTHRINGEN (08.12.1708 Nancy, Lothringen – 18.08.1765 Innsbruck) Großherzog der Toskana, als Franz I. römisch-deutscher Kaiser, ab 1736 Gemahl Maria Theresias und ab 1740 Mitregent in den Habsburgischen Erblanden.

Freiligrathplatz (11. Bezirk, seit 1919) | FERDINAND HERMANN FREILIGRATH (17.06.1810 Detmold – 18.03.1876 Bad Cannstatt) Lyriker, Dichter und Übersetzer.

Friedjunggasse (11. Bezirk, seit 1956) | JOSEF KARL FRIEDJUNG (06.05.1871 Nedweditz, Mähren – 20.03.1964 Haifa) Dr. med., Kinderarzt, Primar, Univ.-Dozent, sozialdemokratischer

Abgeordneter im oberösterreichischen Landtag, Abgeordneter im Wiener Gemeinderat, Mitglied des Wiener Stadtschulrates. Gründer des Arbeiter-Samariterbundes.

Friedstraße (21. Bezirk, seit 1949) | ALFRED HERMANN FRIED (11.11.1864 Wien – 04.05.1921 Wien) Dr. phil h. c., Buchhändler, Publizist, Mitbegründer der deutschen Friedensgesellschaft, 1892–99 gemeinsam mit Berta von Suttner Herausgeber der Zeitschrift »Die Waffen nieder!«, 1911 Träger des Friedensnobelpreises, nach B. v. Suttner Präsident der Österreichischen Friedensgesellschaft.

Fügergasse (6. Bezirk, seit 1876) | HEINRICH FRIEDRICH FÜGER (08.12.1751 Heilbronn – 05.11.1818 Wien) akademischer Maler, Direktor der Akademie der bildenden Künste, 1806–1818 Kustos der kaiserlichen Gemäldegalerie und Schlosshauptmann im Schloss Belvedere.

Gebauergasse (21. Bezirk, seit 1967) | ANTON CARL GEBAUER (16.07.1872 Bennisch (österr. Schlesien – 30.05.1942 Velden) Volksschullehrer, Turnlehrer am Gymnasium, Ethnograph, Schriftsteller, Forschungsreisen u.a. nach Ägypten, Kleinasien und Indien.

Geblergasse (16. und 17. Bezirk, seit 1894) | TOBIAS PHILIPP FREIHERR VON GEBLER (02.11.1726 Zeulenroda [Fürstentum Reuss] – 09.10.1786 Wien) Legationssekretär in holländischen Staatsdiensten am Berliner Hof, Sekretär der Handels-Generaldirektion im österreichischen Staatsdienst, Hofrat und Referendar in der k. k. Vereinigten böhmisch-österreichischen Hofkanzlei, Dramatiker, Übersetzer, Librettist.

Godlewskigasse (22. Bezirk, seit 1955) | CARL BORROMÄUS GODLEWSKI (20.11.1862 Dortmund – 06.12.1949 Mödling bei Wien) Prof., Artist und Clown im Zirkus Renz, Erster Mimiker des Wiener Hofopernballetts, Ballettmeister der Wiener k. k. Hofoper, Choreograph.

Goethegasse (1. Bezirk, seit 1919) | JOHANN WOLFGANG VON GOETHE (28.08.1749 Frankfurt/Main – 22.03.1832 Weimar) Dichter, Naturforscher, Beamter.

Goldscheidgasse (17. Bezirk, seit 1932) | RUDOLF GOLDSCHEID (12.08.1870 Wien – 06.10.1931 Wien) Dr. Phil. et soz., Nationalökonom, Soziologe, Philosoph, Privatgelehrter, Schriftsteller, Präsident der österreichischen Friedensgesellschaft, Mitbegründer und Vizepräsident der Österreichischen Liga für Menschenrechte.

Graf-Seilern-Gasse (12. Bezirk, seit 1905) | CHRISTIAN AUGUST REICHSGRAF VON SEILERN (22.04.1717 – 15.11.1801 Wien) Diplomat, Beamter im Reichshofrat, Wirklicher Geheimer Rat, Botschafter am englischen Hof in London, Statthalter von Niederösterreich, Präsident der obersten Justizstelle.

GRAH, WILHELM JOSEF (»BILL«) s. Bill-Grah-Park

Gründorfgasse (14. Bezirk, seit 1906) | CARL GRÜNDORF (01.05.1830 Riegersburg – 26.07.1906 Wien) Schauspieler und Regisseur, Bühnenautor am Wiener Carltheater, Schriftsteller, Lektor und Bibliothekar am Raimundtheater, Direktionskonzipient der Westbahn.

GRÜNFELD, ALFRED s. Alfred-Grünfeld-Gasse

Gustav-Zelibor-Park (13. Bezirk, seit 2004) | GUSTAV ZELIBOR (10.01.1903 Wien – 28.12.1978 Wien) Prof., Komponist, Kapellmeister, Hauskomponist des Theaters in der Josefstadt, Mitarbeiter im Österreichischen Rundfunk.

Hägelingasse (14. Bezirk, seit 1894) | FRANZ KARL VON HÄGELIN (1735 Freiburg/Breisgau – 18.06.1809) Sekretär der k. k. niederösterreichischen Landesregierung, Aktuar, k. k. Regierungsrat, k. k. Theater- und Bücherzensor.

Haeussermannweg (3. Bezirk, seit 1977 nach dem Schauspieler Reinhold Häussermann [Vater von Ernst H.] benannt, 1987 die Benennung auf Ernst H. ausgedehnt) | ERNST (EIGTL. HEINZ) HAEUSSERMANN (03.06.1916 Leipzig – 11.06.1984 Wien) Dr. phil., Film- und Theaterschauspieler, Regisseur, Schriftsteller, Direktor des Theaters in der Josefstadt und des Burgtheaters, Direktoriumsmitglied der Salzburger Festspiele, Professor an der Hochschule für Musik und darstellende Kunst in Wien.

Hans-Czermak-Gasse (21. Bezirk, seit 2002) | Dr. HANS CZERMAK (18.07.1913 Krems an der Donau – 12.12.1989 Wien) Kinderarzt, Sozialmediziner und Primar des Preyerschen Kinderspitals. Er war ein engagierter Kämüfer gegen Gewal an kindern und trat für eoin Verbot der »g'sunden Watschn« ein.

Hanuschgasse (1. Bezirk, seit 1924) | FERDINAND HANUSCH (09.11.1866 Oberdorf bei Wigstadt [Schlesien] – 28.09.1923 Wien) Seidenweber, Sekretär der Union der Textilarbeiter in Wien, sozialdemokratischer Abgeordneter zum Reichsrat, Mitglied der provisorischen Nationalversammlung, Abgeordneter zum Nationalrat, Minister für soziale Fürsorge, Reformer des gesamten Sozialrechts, Direktor der Wiener Arbeiterkammer, Schriftsteller.

Hartlgasse (20. Bezirk, seit 1956) | KARL HERMANN HARTL (28.01.1878 Wien – 21.02.1941) Dr. jur. Beamter der Gemeinde Wien, Magistratsdirektor, Co-Autor der Wiener Stadtverfassung.

Haschkagasse (12. Bezirk, seit 1894) | LEOPOLD LAURENT HASCHKA (01.09.1749 Wien – 03.08.1827 Wien) Mitglied im Orden der Jesuiten, Gymnasialprofessor in Krems, Kustos an der Wiener Universitätsbibliothek, Professor für Ästhetik, Dichter.

Haydngasse (6. Bezirk, seit 1862) | **Joseph-Haydn-Straße** (14. Bezirk, seit ?), **Haydnpark** (12. Bezirk, seit 1926) | FRANZ JOSEPH HAYDN (31.03.1732 Rohrau an der Leitha – 31.05.1809 Wien) Komponist, Kapellmeister.

Heinestraße (2. Bezirk, seit 1919) | HEINRICH HEINE (13.12.1797 Düsseldorf – 17.02.1856 Paris) Schriftsteller, Lyriker, Journalist.

Helmut-Zilk-Platz (1. Bezirk, seit 2009), **Helmut-Zilk-Park** (10. Bezirk, seit 2011) | HELMUT ZILK (09.06.1927 Wien – 24.10.2008 Wien) Prof. Dr. phil., Lehrer, Journalist, Politiker, Unterrichtsminister, Bürgermeister und Landeshauptmann von Wien.

Henslergasse (3. Bezirk, seit 1905) | CARL FRIEDRICH HENSLER (01.02.1759 Vaihingen bei Heilbronn – 24.11.1825 Wien) Mag. theol., Bühnenautor, Librettist, Theaterdirektor, Dramaturg, Pächter des Leopoldstädter Theaters, des Theaters an der Wien, des Theaters in der Josefstadt, des Kärntnerthor-Theaters.

Herderplatz (11. Bezirk, seit 1911), **Herderpark** (11. Bezirk, seit 1930) | JOHANN GOTTFRIED VON HERDER (25.08.1744 Mohrungen [Ostpreußen] – 18.12.1803 Weimar) Theologe, Dichter, Humanist, Geschichtsphilosoph.

Hermann-Bahr-Straße (21. Bezirk, seit 1934) | HERMANN ERICH BAHR (19.07.1863 Linz – 15.01.1934 München) Schriftsteller, Essayist, Dramaturg, Theater- und Literaturkritiker, Zeitungsherausgeber, Regisseur, Dramaturg am Wiener Burgtheater.

Heubergergasse (13. Bezirk, seit 1955) | RICHARD FRANZ JOSEF HEUBERGER D.Ä. (18.06.1850 Graz – 28.10.1914 Wien) Bauingenieur, Komponist, Dirigent, Musikkritiker, Schriftsteller, Direktor der Wiener Singakademie, Vorstand des Wiener Männergesang-Vereins, Professor am Wiener Konservatorium, Präsident des Wiener Tonkünstlervereins.

Hickelgasse (14. Bezirk, seit 1893) | JOSEPH HICKEL (19.03.1736 Böhmisch-Leipa – 28.03.1807 Wien) k. k. Kammermaler, Adjunkt der kaiserlichen Gemäldegalerie, Mitglied der Akademie der bildenden Künste, erhält von Joseph II. den Auftrag, sämtliche Mitglieder des Nationaltheaters zu porträtieren.

Hintschiggasse (10. Bezirk, seit 1993) | ALFRED HINTSCHIG (03.06.1919 Wien – 04.09.1989 Wien) Dipl.-Kfm., Prokurist einer Papierfabrik, Generaldirektor der Wiener Messe AG, Abgeordneter in Wiener Landtag und Gemeinderat, Amtsführender Stadtrat, Abgeordneter zum Bundesrats.

Hugogasse (11. Bezirk, seit 1875) | HUGO ZIPPERLING (25.07.1832 Freienwalde [Preußen] – 21.04.1908) Ing., Kommerzialrat, Mitarbeiter der k. k. südöstlichen Staatsbahnen in Pest, Direktor der Waggonfabrik H. D. Schmid, Direktor der Simmeringer Maschinen- und Waggonbaufabrik AG, Gründer der freiwilligen Betriebsfeuerwehr und Mitbegründer der Wiener Rettungsgesellschaft, Gründer einer Volksschule in Simmering.

Hugo-Wiener-Weg (22. Bezirk, seit 1997) | HUGO WIENER (16.02.1904 Wien – 14.05.1993 Wien) Komponist, Librettist, Pianist, Chanson- Kabarett-, Bühnen- und Drehbuchautor.

Hufelandgasse (12. Bezirk, seit 1884) CHRISTOPH WILHELM HUFELAND (12.08.1762 Langensalza [Thüringen] – 25.08.1836 Berlin) Dr. med., Sozialhygieniker, Forscher, Volkserzieher, Begründer der Makrobiotik.

Ignaz-Born-Weg (13. Bezirk, seit 1975) | IGNAZ EDLER VON BORN (26.12.1742 Carlsburg [Siebenbürgen] – 24.07.1791 Wien) Bergrat, Kustos am kaiserl. Naturalienkabinett, k. k. Wirklicher Hofrat, Mineraloge, Geologe, Paläontologe, Schriftsteller.

Ignaz-Pleyel-Gasse | IGNAZ PLEYEL (18.06.1757 Ruppersthal [NÖ] – 14.11.1831 bei Paris) Komponist, Schüler von Joseph Haydn, Musikalienhändler und Klavierfabrikant in Paris.

Jara-Benes-Gasse (21. Bezirk, seit 1964) | JARA BENES (05.06.1897 Prag – 10.04.1949 Wien) Komponist von Schlagermelodien, Filmmusik und Operetten, Kapellmeister in Prag und Wien.

Jarlweg (10. Bezirk, seit 1959) | OTTO JARL (10.04.1856 Uppsala-Län [Schweden] – 16.11.1915 Wien) akad. Bildhauer, Porträtplastiker.

JASCHA, OSKAR s. Oskar-Jascha-Gasse

Jennerplatz (13. Bezirk, seit 1931) | EDWARD JENNER (17.05.1749 Berkeley [England] – 26.01.1823 Berkeley) Dr. med., Landarzt, Erfinder der Schutzimpfung gegen Pocken.

Jörg-Mauthe-Platz (9. Bezirk, seit 1991) | JÖRG MAUTHE (11.05.1924 Wien – 29.01.1986 Wien) Dr. phil., Kunstkritiker, Journalist, Schriftsteller, Kulturpolitiker, Stadtrat der ÖVP in Wien.

Julius-Tandler-Platz (9. Bezirk, seit 1949) | JULIUS TANDLER (16.02.1869 Iglau [Mähren] – 25.08.1936 Moskau) Dr. med., Univ.-Prof. für Anatomie, Dekan der medizinischen Fakultät, sozialdemokratischer Politiker und Reformer des Gesundheits- und Fürsorgewesens der Stadt Wien, sozialdemokratischer Abgeordneter zum Wiener Gemeinderat, Unterstaatssekretär für Volksgesundheit, Amtsführender Stadtrat in Wien und in diesen Funktionen Initiator vieler Fürsorge- und Sporteinrichtungen für Familien, Mütter, Kinder, Jugendliche und Arbeiter.

Kammerergasse (19. Bezirk, seit 1930) | PAUL KAMMERER (17.08.1880 Wien – 23.09.1926 Puchberg am Schneeberg) Univ.-Prof., Dr. Phil., Biologe, Komponist, Privatdozent für experimentelle Morphologie der Tiere.

Kannweg (21. Bezirk, seit 2011) | HANS KANN (14.02.1927 Wien – 24.06.2005 Wien) Prof., Pianist, Komponist, Professor der Ueno Universität in Tokio, der Musikakademie in Darmstadt, an der Musikhochschule in Wien.

Karl-Bednarik-Gasse (22. Bezirk, seit 2006) | KARL BEDNARIK (18.07.1915 Wien – 14.01.2001 Wien) Prof., Schriftsteller, Maler.

Karl-Löwe-Gasse (12. Bezirk, seit 1938) | JOHANN CARL GOTTFRIED LOEWE (30.11.1796 Löbejün [Sachsen-Anhalt] – 20.04.1869 Kiel [Schleswig-Holstein], Komponist, Kantor, Organist, Dirigent, Pianist und Sänger.

Kaunitzgasse (6. Bezirk, seit 1862) | ANTON WENZEL DOMINIK FÜRST KAUNITZ-RIETBERG (02.02.1711 Wien – 27.06.1794 Wien) k. k. Wirklicher Geheimer Rat, kaiserl. Reichshofrat, Obersthofmeister am Brüsseler Hof der Erzherzogin Maria Anna, Minister in der Regierung der österreichischen Niederlande, Kaiserlicher Botschafter am Pariser Hof, Haus-, Hof- und Staatskanzler.

Klitschgasse (13. Bezirk, seit 1955) | WILHELM KLITSCH (25.11.1882 Wien – 24.02.1941 Wien) Prof., Theater- und Filmschauspieler, Mitglied des Deutschen Volkstheaters, Regisseur, Professor an der Akademie für Musik und darstellende Kunst.

Knaackgasse (21. Bezirk, seit 1936) | WILHELM KNAACK (13.02.1829 Rostock – 29.10.1894 Wien) Volksschauspieler am Wiener Carltheater.

Krastelgasse (12. Bezirk, seit 1930) | FRIEDRICH KRASTEL (06.04.1839 Mannheim – 12.02.1908 Wien) k. k. Hofschauspieler, Regisseur, Schriftsteller, Professor am Konservatorium.

Labanweg (19. Bezirk, seit 1966) | RUDOLF LABAN DE VÁRALYAS (15.12.1879 Pressburg – 01.07.1958 Weybridge [Großbritannien]) Tänzer, Choreograph, Tanztheoretiker, Fachschriftsteller.

Lehrbachgasse (12. Bezirk, seit 1912) | LUDWIG KONRAD GRAF LEHRBACH (1750 – 13.08.1805 Bergheim bei Linz) k. k. Kämmerer, k. k. Wirklicher Geheimer Rat, kaiserlicher Kommissar bei der Reichsversammlung in Regensburg, österreichischer Gesandter in München und Berlin.

Leo-Fall-Weg (13. Bezirk, seit 2000) | LEO FALL (02.02.1873 Olmütz [Mähren] – 16.09.1925 Wien) Kapellmeister, Komponist, Sologeiger.

Leo-Slezak-Gasse (18. Bezirk, seit 1960) | LEO SLEZAK (18.08.1873 Schönberg [Mähren] – 01.06.1946 Rottach-Egern am Tegernsee) Tenor, Kammersänger, Schriftsteller, Filmschauspieler, ursprünglich Gärtner und Schlosser.

Leopold-Zechner-Platz (13. Bezirk, seit 2002) | LEOPOLD ZECHNER (26.07.1884 Wien – 06.12.1968 Wien) Dr. phil., Hofrat, Lehrer, Schuldirektor, Landesschulinspektor, sozialdemokratischer Abgeordneter im Nationalrat. Geschäftsführender Präsident des Stadtschulrates für Wien, Bürger der Stadt Wien, Vorsitzender des Verbandes Wiener Volksbildung.

Lessinggasse (2. Bezirk, seit 1872) | GOTTHOLD EPHRAIM LESSING (22.01.1729 Kamenz [Sachsen] – 15.02.1781 Braunschweig) Dichter, Schriftsteller und Aufklärer.

Lewinskygasse (16. Bezirk, seit 1920) | JOSEF LEWINSKY (20.09.1835 Wien – 27.02.1907 Wien) k. k. Hofschauspieler, Regisseur, Schriftsteller.

Lisztstraße (13. Bezirk, seit 1913) | FRANZ RITTER VON LISZT (22.10.1811 Raiding [Ungarn, heute Burgenland] – 31.07.1886 Bayreuth) königl.-ungar. Rat, Komponist, Pianist, Dirigent, 1865 zum Abbé geweiht.

Lortzinggasse (14. Bezirk, seit 1903) | ALBERT GUSTAV LORTZING (23.10.1801 Berlin – 21.01. 1851 Berlin) Komponist, Librettist, Schauspieler, Sänger, Kapellmeister.

Ludwig-Eckardt-Gasse (14. Bezirk, seit 1930) | LUDWIG ECKARDT (26.05.1827 Wien – 01.02.1871 Tetschen [Nordböhmen] Kunstforscher, Schriftsteller, Dozent für Literatur und Ästhetik an der Universität Bern, Hofbibliothekar in Karlsruhe, Redakteur einer Mannheimer Zeitung.

Mackgasse (23. Bezirk, seit 1880) | FRANZ CASPAR EDLER VON MACK (1730 – 08.11.1807 Kalksburg bei Wien) k. k. Geheimer Hof- und Kammerjuwelier, bedeutender Wohltäter.

Meyerbeergasse (21. Bezirk, seit 1932) | GIACOMO MEYERBEER (05.09.1791 Tasdorf bei Berlin – 02.05.1864 Paris) Komponist, Dirigent.

Millöckergasse (6. Bezirk, seit 1900) | CARL JOSEPH MILLÖCKER (29.04.1842 Wien – 31.12.1899 Baden bei Wien) Operettenkomponist, Kapellmeister.

Mozartgasse (4. Bezirk, seit 1862), **Mozartplatz** (4. Bezirk, seit 1899), **Mozartweg** (11. Bezirk, nicht amtliche Bezeichnung in einer Kleingartenanlage) | WOLFGANG AMADÉ MOZART (27.01.1756 Salzburg – 05.12.1791 Wien) Musiker, Komponist, Hofkonzertmeister in Salzburg, Hof- und Domorganist, Musikpädagoge.

Müller-Guttenbrunn-Straße (14. Bezirk, seit 1935) | ADAM MÜLLER-GUTTENBRUNN (22.10.1853 Guttenbrunn [Banat, heute Rumänien] – 05.01.1923 Wien) Staatsbeamter, Dramatiker, Erzähler, Essayist, Journalist, Gründungsdirektor des Raimundtheaters und des Kaiserjubiläums-Stadttheaters (heute Volksoper), deutschnationaler Abgeordneter zur Konstituierenden Nationalversammlung, Initiator des Wiener Volksbildungsvereins.

Nedbalgasse (22. Bezirk, seit 1953) | OSKAR NEDBAL (26.03.1874 Tábor [Böhmen] – 24.12.1930 Zagreb) Dirigent, Komponist, Gründer und Leiter des Wiener Tonkünstler-Orchesters.

Oskar-Jascha-Gasse (13. Bezirk, seit 1955) | OSKAR JASCHA (04.06.1881 Wien – 09.01.1948 Wien) Komponist, Kapellmeister u. a. am Theater an der Wien, am Burgtheater und bei Radio Wien.

Oswald-Thomas-Platz (2. Bezirk, seit 1974) | OSWALD THOMAS (27.07.1882 Kronstadt [Ungarn, heute Rumänien] – 13.02.1963 Wien) Dr. phil., Univ.-Prof., Astronom, Gymnasialprofessor, Leiter der Urania-Sternwarte in Wien, Volksbildner, Gründer des Planetariums, Fachschriftsteller.

Peter-Jordan-Straße (19. Bezirk, seit 1904) | PETER VON JORDAN (02.02.1751 Sellrain [Tirol] – 06.07.1827 Wien) Niederösterreichischer Regierungsrat, Univ.-Prof. für Allgemeine Naturgeschichte und Ökonomie an der Universität in Wien und am Theresianum, Fachschriftsteller, Direktor der kaiserlichen Güter in Vösendorf und Laxendorf bei Wien.

Pezzlgasse (17. Bezirk, seit 1894), **Pezzlpark** (17. Bezirk, seit 1902) | JOHANN ANDREAS PEZZL (30.11.1756 Mallersdorf bei Straubing [Bayern] – 09.06.1823 Wien) k. k. Rat, Topograph, Bibliothekar, Offizial und Vizedirektor der k. k. Hofchiffrierkanzlei, philosophischer, topographischer und belletristischer Schriftsteller, Übersetzer.

PILLER, JOHANN BAPTIST VON s. Billergasse

PLEYEL, IGNAZ s. Ignaz-Pleyel-Gasse

Praetoriusgasse (3. Bezirk, seit 1892) | CHRISTIAN LUDWIG PRAETORIUS (20.09.1834 Emmershausen [heute Hessen] – 16.10.1890 Wien) Dr. med., Wund- und Geburtsarzt, Landesschulrat, Gemeinderat von Erdberg bei Wien, Verleger, Druckereibesitzer, Verleger und Herausgeber der frm. Zeischrift »Der Zirkel«.

Puschkingasse (21. Bezirk, seit 1932) | ALEXANDER SERGEJEWITSCH GRAF PUSCHKIN (06.06.1799 Moskau – 10.02.1837 Sankt Petersburg) Nationaldichter, Begründer der modernen russischen Literatur.

Ranzenhofergasse (13. Bezirk, seit 1931) | EMIL RANZENHOFER (04.01.1864 Wien – 1930 Wien) akad. Maler, Illustrator, Aquarellist, Radierer.

Ratschkygasse (12. Bezirk, seit 1894) | JOSEPH FRANZ VON RATSCHKY (21.08.1757 Wien – 31.05.1810 Wien) k. k. Hofkonzipist bei der Vereinigten böhmisch-österreichischen Hofkanzlei, Gubernialsekretär in Lemberg, k. k. Wirklicher Hofrat, k. k. Staats- und Konferenzrat, Lyriker, Epiker und Satiriker.

Reclamgasse (22. Bezirk, seit 1932) | ANTON PHILIPP RECLAM (28.06.1807 Leipzig – 05.01.1896 Leipzig) Gründer einer Verlagsbuchhandlung, Inhaber einer Buchdruckerei, Gründer der »Reclams Universal Bibliothek«.

Reinholdgasse (22. Bezirk, seit 1961) | CARL LEONHARD REINHOLD (26.10.1757 Wien – 10.04.1823 Kiel) Novizenmeister im Orden der Barnabiten, Lehrer für Logik, Metaphysik, Ethik und geistliche Beredsamkeit, Mitarbeiter der »Wiener Real-Zeitung«, Mitherausgeber des »Teutschen Merkur«, Ordinarius für Philosophie in Jena und Kiel.

RETT, ANDREAS s. Andreas-Rett-Park

Robert-Blum-Gasse (20. Bezirk, seit 1919) | ROBERT BLUM (10.11.1807 Köln – 09.11.1848 Wien) Schriftsteller, Mitglied der Frankfurter Nationalversammlung, wegen Teilnahme an der Wiener »Oktoberrevolution« standrechtlich erschossen.

Rooseveltplatz (9. Bezirk, seit 1946) | FRANKLIN DELANO ROOSEVELT (30.01.1882 New York – 12.04.1945 Warm Springs [Georgia, USA] 32. Präsident der Vereinigten Staaten.

Rückertgasse (16. Bezirk, seit 1894) | FRIEDRICH RÜCKERT (16.05.1788 Schweinfurt [Bayern] – 31.01.1866 Neuss bei Coburg [Bayern]) Lyriker, Dichter, Sprachlehrer, Übersetzer, Orientalist, Journalist, Sprachwissenschaftler (beherrschte 44 Sprachen).

Saikogasse (22. Bezirk, seit 1966) | EMMANUEL GEORG SAIKO (05.02.1892 Seestadtl [Böhmen] – 23.12.1962 Rekawinkel [NÖ]) Dr. phil., Schriftsteller, Regisseur, Übersetzer, Leiter der Kunstsammlung Albertina.

Saltenstraße (22. Bezirk, seit 1961) | FELIX SALTEN (06.09.1869 Pest – 08.10.1945 Zürich) Schriftsteller, Kritiker, Feuilletonist, Regisseur, Drehbuchautor, Präsident des Österreichischen PEN-Clubs.

Salusgasse (22. Bezirk, seit 1955) | HUGO SALUS (03.08.1866 Böhmisch-Leipa [heute Tschechien] – 04.02.1929 Prag) Dr. med., Gynäkologe, Dichter.

Scariaweg (16. Bezirk, seit 1936) | EMIL SCARIA (18.09.1840 Graz – 22.07.1886 Blasewitz bei Dresden) k. k. Kammersänger (Bassbariton), Mitglied der k. k. Hofoper, Regisseur.

Schenkendorfgasse (4. Bezirk, seit 1909) | MAXIMILIAN VON SCHENKENDORF (11.12.1783 Tilsit [Ostpreußen] – 11.12.1817 Koblenz [Rheinland-Pfalz]) Regierungsrat, Lyriker, Dichter.

Schiftergasse (21. Bezirk, seit 2011) | GÜNTHER (HOWDY) SCHIFTER (23.12.1923 Wien – 11.08.2008 Salzburg) Journalist, Schauspieler, Regisseur, Radiomoderator für Jazz- und Countrymusik.

Schikanedergasse (4. Bezirk, seit 1861) | EMANUEL SCHIKANEDER (01.09.1751 Straubing bei Regensburg – 21.09.1812 Wien) Schauspieler, Sänger, Komödiant, Regisseur, Theaterdirektor, Theaterdichter, Leiter des Freihaustheaters, Gründer des Theaters an der Wien, Leiter des Theaters in Brünn.

Schmutzergasse (15. Bezirk, seit 1912) benannt nach der Kupferstecher-Familie, zu der auch gehört: JAKOB MATTHIAS SCHMUTZER (03.04.1733 Wien – 02.12.1811 Wien) Kupferstecher, Maler, k. k. Rat, Initiator und Direktor der Klasse für Kupferstecher an der Akademie für bildende Künste, Oberdirektor der Zeichenkunst in den Normalschulen sämtlicher habsburgischen Erbländer.

Schrebergasse (22. Bezirk, seit 1923), **Dr.-Schreber-Gasse** s. d., **Dr.-Schreber-Weg** s. d. | DANIEL GOTTLOB MORITZ SCHREBER (15.10.1808 Leipzig – 10.11.1861 Leipzig) Dr. med., Orthopäde, Hochschullehrer in Leipzig, Fachschriftsteller, Erfinder der »Schrebergarten«-Idee.

Schuhmeierplatz (16. Bezirk, seit 1920), **Franz-Schuhmeier-Gasse** (23. Bezirk, seit ?) | FRANZ SCHUHMEIER (11.07.1864 Wien – 11.02.1913 Wien) Arbeiterführer, ursprünglich Hilfsarbeiter, danach Journalist, sozialdemokratischer Abgeordneter zum Wiener Gemeinderat, sozialdemokratischer Abgeordneter zum Reichsrat, aus politischen Gründen ermordet.

Scottgasse (21. Bezirk, seit 1953) | ROBERT FALCON SCOTT (06.06.1868 Devonport/Plymouth [England] – 29.03.1912 Ross-Schelfeis [Antarktis]) Marineoffizier, Polarforscher.

Semperstraße (18. Bezirk, seit 1894) | GOTTFRIED SEMPER (29.11.1803 Hamburg – 15.05.1879 Rom) Architekt und Baumeister (u. a. Burgtheater in Wien, Oper in Dresden).

Sibeliusstraße (10. Bezirk, seit 1959 JEAN SIBELIUS (08.12.1865 Hämeenlinna [Finnland] – 20.09.1957 Järvenpäa bei Helsinki) Komponist, Dirigent.

Simonsgasse (22. Bezirk, seit 1962) | Rainer Carl Simons (16.08.1869 Breslau [Schlesien] – 17.08.1934 Rottach/Egern) Hofrat, Dirigent, Direktor des Kaiser-Jubiläums-Theaters bzw. der Volksoper, Professor für Gesang, Dramaturgie und Regie an der Wiener Musikakademie, Gründer des Schönbrunner Schlosstheaters. Direktor des Raimundtheaters.

Slezak, Leo s. Leo-Slezak-Gasse

Sonnenfelsgasse (1. Bezirk, seit 1945) | Joseph Freiherr von Sonnenfels (1733 Nikolsburg [Mähren] – 25.04.1817 Wien) Jurist, Journalist, Schriftsteller, Reformer des Theaters, Reformer der Verwaltung, Professor für Polizei- und Kameralwissenschaft, k. k. Wirklicher Hofrat bei der k. k. Geheimen böhmisch-österreichischen Hofkanzlei, Sekretär und Präsident der k. k. Akademie der bildenden Künste.

Spohrgasse (13. Bezirk, seit 1906) | Ludwig (Louis) Spohr (05.04.1784 Braunschweig – 22.10.1859 Kassel) Komponist, Violinvirtuose, Kapellmeister.

Stadiongasse (1. Bezirk, seit 1874) | Johann Philipp Karl Joseph Graf Stadion (18.06.1763 Mainz – 15.05.1824 Baden bei Wien) Gesandter in Stockholm und London, bevollmächtigter Minister in Berlin und St. Petersburg, österreichischer Außenminister, Finanzminister, Gründer der Österreichischen Nationalbank.

Stemolakgasse (22. Bezirk, seit 1964) | Karl Stemolak (08.11.1875 Graz – 13.04.1954 Wien) Professor an der Wiener Kunstakademie, akad. Bildhauer, Präsident der Berufsvereinigung der bildenden Künstler Österreichs, Präsident der Wiener Secession.

Stolberggasse (5. Bezirk, seit 1877) | FRIEDRICH LEOPOLD GRAF STOLBERG-STOLBERG (07.11.1750 Bramsted [Schleswig-Holstein] – 05.12.1819 Gut Sondermühlen bei Osnabrück) Jurist, Staatsmann, Dichter, Übersetzer. Sein Bruder:

CHRISTIAN GRAF STOLBERG-STOLBERG (15.10.1748 Hamburg – 18.01.1821 Schloss Windeby [Schleswig-Holstein]) Lyriker, Übersetzer.

Straßmeyergasse (22. Bezirk, seit 1955) | LEOPOLD STRASSMEYER (23.12.1846 Wien – 03.12.1927 Wien) Schauspieler, Komiker, Direktor des Badener Stadttheaters.

Tauschinskygasse (22. Bezirk, seit 1955) | HIPPOLYT TAUSCHINSKY (09.09.1839 Wien – 28.02.1905 Wien) Dr. phil., Schriftsteller, Dozent für Geschichte in Wien und Graz, Bibliothekar, Journalist, Pionier der Arbeiterbewegung, Gründer und erster Obmann der Sozialdemokratischen Partei Österreichs.

THOMAS, OSWALD s. Oswald-Thomas-Platz

Thorvaldsengasse (12. Bezirk, seit 1953) | BERTEL THORVALDSEN (19.11.1770 Kopenhagen – 23.03.1844 Kopenhagen) Bildhauer.

Torberggasse (14. Bezirk, seit 1981) | FRIEDRICH TORBERG (16.09.1908 Wien – 10.11.1979 Wien) Schriftsteller, Journalist, Übersetzer, Herausgeber, Literatur- und Theaterkritiker.

Trattnerhof (1. Bezirk, seit 1912) | JOHANN THOMAS TRATTNER – EDLER VON TRATTERN (20.12.1719 Jormannsdorf bei Güns [Ungarn, heute Burgenland] – 31.07.1798 Wien) k. k. Hofbuchdrucker, Verleger und Buchhändler, gründet Papierfabriken, baut den »Trattnerhof« am Graben in Wien.

Weinbergerplatz (13. Bezirk, seit 1955) | KARL RUDOLF MICHAEL WEINBERGER (03.04.1861 Wien – 01.11.1939 Wien) Komponist, Lyriker, Präsident des Komponistenbundes.

Wielandgasse (10. Bezirk, seit 1866), **Wielandplatz** (10. Bezirk, seit 1866), **Wielandweg** (22. Bezirk) | CHRISTOPH MARTIN WIELAND (05.09.1733 Oberholzheim bei Laupheim [Baden-Württemberg] – 20.01.1813 Weimar) Dichter, Übersetzer, Herausgeber.

Wollekweg (22. Bezirk, seit 1953) | KARL WOLLEK (31.10.1862 Brünn – 08.09.1936 Wien) Prof., akad. Bildhauer, Medailleur, Schöpfer zahlreicher Denkmäler und Porträtbüsten.

Wolsteingasse (21. Bezirk, seit 1940) | JOHANN GOTTLIEB WOLSTEIN (14.03.1738 Bad Flinsberg [Österreichisch-Schlesien, heute Polen] – 02.07.1820 Altona bei Hamburg) Dr. med. et chir., Veterinär, Gründer und Leiter der zweiten Wiener Veterinätschule, Direktor des Wiener Tierspitals, Fachschriftsteller.

Wranitzkygasse (22. Bezirk, seit 1932) | PAUL WRANITZKY (30.12.1756 Neureisch [Mähren] – 26.09.1808 Wien) Komponist, Geiger, Organist, Dirigent, Konzertmeister und Leiter des Wiener Hofopernorchesters, Sekretär der Tonkünstler-Sozietät.

Zaunergasse (3. Bezirk, seit 1894) | FRANZ ANTON ZAUNER EDLER VON FALPETAN (05.07.1746 Unterfalpetan [Tirol] – 03.03.1822 Wien) k. k. Rat, Bildhauer, Professor und Direktor der Bildhauerklasse der Akademie der bildenden Künste.

Zeillergasse (16./17. Bezirk, seit 1894) | FRANZ ANTON FELIX EDLER VON ZEILLER (14.01.1751 Graz – 23.08.1828 Wien) Dr. phil. et Dr. jur., Professor für Naturrecht und Römisches

Zivilrecht, später auch für Strafrecht und Strafgerichtsordnung an der Universität Wien, k. k. Regierungsrat, k. k. Wirklicher Appelationsrat, k. k. Hofrat bei der k. k. Obersten Justizstelle, Rektor der Universität Wien, Fachschriftsteller.

ZELIBOR, GUSTAV s. Gustav-Zelibor-Park

Zellwekergasse (23. Bezirk, seit 1961) | EDWIN ZELLWEKER (09.04.1883 Wien – 01.04.1953 Wien) Dr. phil., Literaturhistoriker, Schriftsteller, Herausgeber, Volksbildner, Gymnasialprofessor und Direktor, Sektionschef im Unterrichtsministerium.

Ziehrerplatz (3. Bezirk, seit 1933) | CARL MICHAEL ZIEHRER (02.05.1843 Wien – 14.11.1922 Wien) Komponist, Kapellmeister, königl. rumänischer Hofkapellmeister, Leiter der Musikkapelle des Hoch- und Deutschmeister-Regiments, letzter Hofball-Musikdirektor.

ZILK, HELMUT s. Helmut-Zilk-Platz

ZIPPERLING, HUGO s. Hugogasse

Zschokkegasse (22. Bezirk, seit 1933) | JOHANN HEINRICH DANIEL ZSCHOKKE (22.03.1771 Magdeburg – 27.06.1848 Aarau [Schweiz]) Volksschriftsteller, Politiker, Pädagoge.

Zwillinggasse (19 Bezirk, seit 1933) | VIKTOR ZWILLING (18.01.1861 Jablunkau [Schlesien] – 31.05.1931 Wien) Volksschul- und Bürgerschullehrer, sozialdemokratischer Abgeordneter zum Landtag, Obmann des Schulausschusses, Direktor der Kinderasyle Kahlenbergerdörfl und Saubersdorf, sozialdemokratischer Bezirksrat.

Freimaurer-Standorte in Wien

»Auf der Hohen Brucken« (1743 Aushebung der Loge Aux Trois Canons)

»Auf der Hohen Brucken« »Haus zu sieben Schwerden« im 2. Stock (ab 1784 Loge Zu den drei Feuern)

Alleegasse 8 (heute Argentinierstraße) (Loge Zum eisernen Anker am Rauhen Stein – Große Landesloge von Deutschland)

Alter Bauernmarkt Nr. 563, 2. Stock (Loge Zum Heiligen Joseph)

Amalienstraße 6, Wien 1 (ab 1877 Loge Humanitas)

Annagasse 18 – (ab 1920 Loge Fortschritt, ab 1925 Loge Freiheit, ab 1933 Loge Sarastro)

Augartenstraße Nr.? Wohnung des Profanen Dalberg vis à vis de l'ancienne Favorite Imperiale (1742–43 – Loge Aux Trois Canons)

Bauernmarkt – »Margaretenhof« (1742–43 – Loge Aux Trois Canons)

Bauernmarkt 2–4 (ehemaliger »Gundelhof«) (1742–43 Loge Aux Trois Canons)

Bauernmarkt 2–4 (ehemals »Gundelhof«) Wohnung des französischen Dramatikers und Schauspielers Pierre-Laurent Marquis Buirette de Belloy (1727–75), Mitglied der Académie française (1742–43 Loge Aux Trois Canons)

Bauernmarkt Nr. 563 – Baron Mosersches Haus, 2. Stock (Sammelloge Zur Neugekrönten Hoffnung)

Berggasse 16 – Palais Festetics (ab 1936 zwei LL des Droit Humain)

Bräunerstraße 10 (Le Droit Humain)

Dorotheergasse 12 (Gatterburg'sches Freihaus, ehemaliges Palais Dietrichstein – ab 1781 Loge Zur Wahren Eintracht, 1918–38 Großloge von Wien und 1945–85 Großloge von Österreich – sowie jeweils auch Sitz einzelner Logen)

Dreilaufergasse 7 – Fabriksgebäude (ab 1872 Loge Humanitas)
Grünangergasse 2 (Loge Humanitas) (ab 1900 Loge Freundschaft und Loge Sokrates)
Gumpendorfer Straße 9 – »Blaues Freihaus« 1. Stock (ab 1889 Loge Eintracht)
Hernals – Sommerresidenz von Ferdinand Graf Pálffy (1810 – »Loge« Zu den drei blauen Himmeln)
Kienmarkt Haus »Zum Stachelschwein« Wohnung des Beamten der siebenbürgischen Hofkanzlei Ladislaus Freiherr von Kémeny oder dessen Bruder Johann Freiherr von Kémeny (1742–43 – Loge Aux Trois Canons)
Kienmarkt Haus Nr. 464 »Zum rothen Krebsen« (Loge Zur Wohltätigkeit, ab 1785 Sammelloge Zur Wahrheit)
Kohlmessergasse »Hartmann'sches Haus« gegenüber dem Salzmagazin im Rotenturmviertel – Wohnung des fürstl.-brandenburgischen Geheimen Hofrats Johann Wilhelm von der Lith (1709–1775) (1742–43 Loge Aux Trois Canons)
Opernring 4 – (ab 1927 Loge Freiheit)
Rahlgasse 3 – Papierhandlung (ab 1889 Loge Eintracht)
Rauhensteingasse 1 und 3 (ab 1986 Großloge von Österreich)
Renngasse Nr.? – Wohnung des Theologen, späteren Bischofs von Paderborn und ab 1773 Präses der Theologischen Fakultät in Wien Joseph Franz Sigismund Graf Gondola (1711–74) (1742–43 Loge Aux Trois Canons)
Schwindgasse 8, Hochparterre mit separiertem Eingang – (ab 1924 – Loge Mozart)
Stallburggasse 2 (ab 1954 Schottischer Ritus)
Teinfaltstraße, heute das Eckhaus Schreyvogelgasse-Teinfaltstraße Wohnung des k. k. Kämmerers Nicolaus Graf Hamilton (1715–75) (1742–43 Loge Aux Trois Canons)
Uhlefeld'sches Haus (1. Stock) hinter dem Minoritenplatz gegen die Bastei zwischen dem Lichtenstein'schen und Palffy'schen Palast (1782 Loge Zur Beständigkeit)
Untere Bäckerstraße (heute Sonnenfelsgasse Nr.?) Gatterburg*sches Haus (1742–43 Loge Aux Trois Canons)

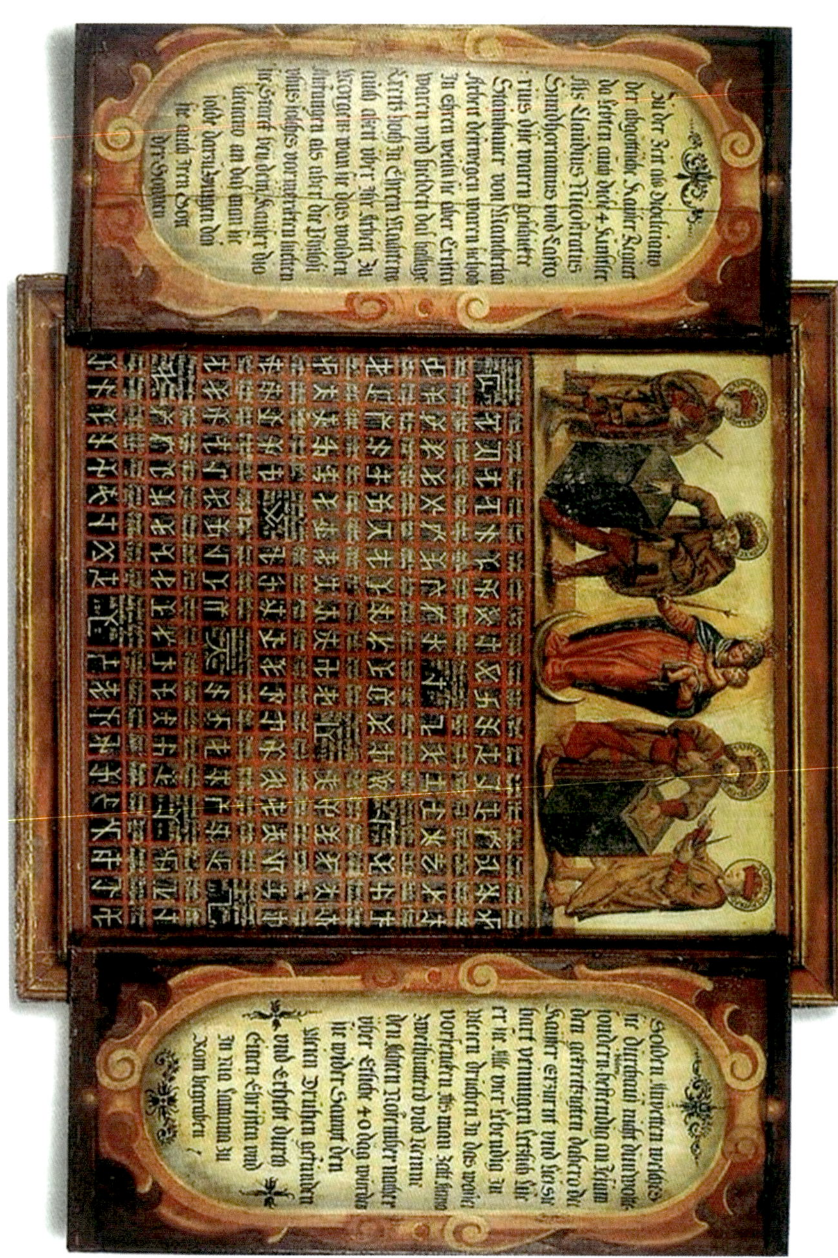

Steinmetzzeichen der Wiener Meister auf Ehrentabernakel

Untere Donaustraße Nr. 5, Konskriptionsnummer 584, später Café Stierböck, heute Beginn der Praterstraße: »Freimaurer-Casino«
Vordere Schenkenstrasse (heute Bankgasse) im Auersperg'schen Haus (Militärloge Die Freigiebigen)
Wiedner Hauptstraße 14 – Hotel Triest (ab 1891 Loge Humanitas und weitere Logen)

(Zusammenstellung Günter K. Kodek)

Dank

Dank gebührt vor allem meinem leider schon verstorbenen Freund Günter K. Kodek. Ich konnte ihn während meiner sechs Jahre als Archivar der Großloge von Österreich bei seinen Recherchen im Archiv begleiten. Er hat mich nicht nur in der Idee zu diesem Buch unterstützt; eines Tages bekam ich ein E-Mail von ihm mit dem Betreff: Ein kleines Geschenk für Dein Buch. Es waren die im Buch abgedrucken Straßen-, Platz- und Parknamen in Wien, die nach Freimaurern benannt waren. Auch bei den Biographien haben mir seine Unterlagen geholfen.

Weiterer Dank an Dr. Georg Semler, Großmeister der Großloge von Österreich, der mir nicht nur den Abdruck seines Einführungsartikels für die Ausstellung »300 Jahre Freimaurer. Das wahre Geheimnis« gestattet hat, sondern mich auch in der Arbeit an diesem Buch unterstützt hat; Rudi Rabe mit seinen Beiträgen für die Freimaurer-Wiki im Internet; der freimaurerischen Forschungsgesellschaft »Quatuor Coronati« mit ihrem Vorsitzenden Dr. Marcus Patka sowie den vielen Freimaurern, mit denen ich mich ausführlich unterhalten konnte.

Und nicht zuletzt gebührt mein Dank Erhard Löcker und Dr. Alexander Lellek vom Löcker Verlag, die mir jede nur mögliche Unterstützung zukommen haben lassen.

Quellen

Ludwig Abafi: Geschichte der Freimaurerei in Österreich-Ungarn. 6 Bände 1890–1899 Budapest

W. B.: Beiträge zu einer Geschichte der Freimaurerei in Österreich. 1868 Regensburg

Ray V. Denslow: A Modern Inquisition. The Last Days of the Grand Lodge of Austria. 1942 Missouri

Alexander Giese: Die Freimaurer. 1997, Verlag Böhlau Wien

August Siegfried von Goue: Über das Ganze in der Maurerei. 1787 Leipzig

J. Gurlitt, Kurze Geschichte des Tempelherrn-Orden. 1823 Hamburg

Ludwig Lewis: Geschichte der Freimaurerei in Österreich. 1861 Wien

Günter K. Kodek: Unsere Bausteine sind die Menschen. 2009 Verlag Löcker, Wien

Günter K. Kodek: Zwischen verboten und erlaubt. 2009 Verlag Löcker, Wien

Günter K. Kodek: Brüder, reicht die Hand zum Bunde. 2011 Verlag Löcker, Wien

Günter K. Kodek: Von der Alchemie zur Aufklärung. 2011 Verlag Löcker, Wien

Günter K. Kodek: Die Kette der Herzen bleibt geschlossen. 2014 Verlag Löcker, Wien

Günter K. Kodek: Unbeirrt durch den Lärm der Welt. 2014 Verlag Löcker Wien

Eugen Lennhoff, Oskar Posner, Dieter A. Binder: Internationales Freimaurer-Lexikon. 2000 München

Robert A. Minder: Freimaurer Politiker Lexikon. 2004 Studien Verlag Innsbruck

N.N., Das Schicksal der Freimaurer in Oestreich und Bayern. 1786

N.N., Kaiser Josephs Reformation der Freymaurer. Eine Denkschrift fürs achtzehnte Jahrhundert. 2 Bände ohne Datum

Helmut Reinalter: Mozart und die geheimen Gesellschaften seiner Zeit 2006 Studien Verlag Innsbruck
J. Reiss: Die österreichischen Freimaurer. 1932 Wien/Leipzig
H.C. Robbins Landon: Mozart and the masons. 1982 London
Karl August Schimmer: Censurfreie Anekdoten von Kaiser Joseph II.. 1848 Wien
Friedrich Ludwig Schröder: Materialien zur Geschichte der Freimaurerei. 1806
D. Joh. Salomo Semler: Unparteiische Sammlungen zur Historie der Rosenkreuzer. 1786 Leipzig
Franz Tschischka: Der St. Stephans Dom in Wien und seine Baudenkmale. 1832 Wien

Archiv der Großloge von Österreich
Österreichische Nationalbibliothek
Freimaurermuseum Rosenau

Foto-Nachweis

Albertina (Seite 107, 108, 108)
Archiv der Großloge von Österreich (Seite 24, 24, 36, 39, 43, 44, 48, 52, 52, 54, 55, 56, 57, 58, 62–64, 68, 69, 71, 80, 80, 80, 81, 98, 99, 102, 124, 138, 138, 139, 141, 147, 148)
Freimaurermuseum Rosenau (Seite 26, 61, 97)
Historisches Museum der Stadt Wien (Seite 8)
Internet (Seite 42, 51, 72, 73, 74, 75, 76, 87, 104, 106, 112, 125, 126, 128, 132, 133, 133, 145, 145)
Landesinnung Bau Wien, Festschrift (206)
Mozarthaus Wien (Seite 123, 129)
Österreichische Nationalbibliothek (Seite 10, 83, 101)
Österreichische Freimaurer-Wiki.at (Seite 37, 37, 38, 102, 176)

Privatarchiv Robert A. Minder (Seite 6, 10, 20, 20, 25, 105, 109, 111, 115, 115, 119, 119, 122, 122, 134, 136, 141, 179)
Salzburg Museum (Seite 117, 118, 124)
Tageszeitung Kurier (Seite 10)
Wiener Stadt- und Landesarchiv (Seite 103, 110, 113, 114, 115, 121, 130, 131, 135)
Wikipedia (Seite 9, 16, 18, 28, 142)

Masonica

Günter K. Kodek

- **Unbeirrt durch den Lärm der Welt**
  Chronik der Freimaurerei in der II. Republik Österreich von 1945–1985
  € 39,80

- **Die Kette der Herzen bleibt geschlossen**
  Mitglieder der österreichischen Freimaurer-Logen 1945–1985
  € 39,80

- **Von der Alchemie zur Aufklärung**
  Chronik der Freimaurerei in Österreich und den Habsburgischen Erblanden 1717–1867
  € 39,80

- **Brüder, reicht die Hand zum Bunde**
  Die Mitglieder der Wiener Freimaurer-Logen 1742–1848
  € 39,80

- **Zwischen verboten und erlaubt**
  Chronik der Freimaurerei in der österreichisch-ungarischen Monarchie 1867–1918 und der I. Republik Österreich 1918–1938
  € 49,–

- **Unsere Bausteine sind die Menschen**
  Die Mitglieder der Wiener Freimaurer-Logen 1868–1938
  € 49,–

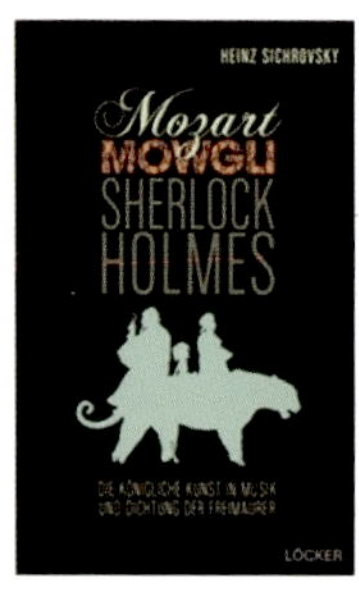

HEINZ SICHROVSKY

Mozart, Mowgli, Sherlock Holmes

Musik und Dichtung der Freimaurer

€ 24,80

MILO DOR

Alle meine Brüder

€ 29,80

RÜDIGER WOLF

Die Protokolle der Prager Freimaurerloge

»Zu den 3 gekrönten Säulen« (1783–1785)

€ 29,80

Neuerscheinung 2020

EUGEN LENNHOFF

Die Freimaurer

Nachdruck der Ausgabe 1929

€ 29,80

Neuerscheinung 2020

MICHAEL HEINRICH WENINGER

Über die Aussöhnung von katholischer Kirche und regulärer Freimaurerei

€ 39,80